| 지속 가능한 커리어 성장의 지렛대 |

이제는 커리어 회복탄력성

| 커리어회복탄력성(career resilience) 셀프 트레이닝 북 |

지속 가능한 커리어 성장의 지렛대
이제는 커리어회복탄력성(career resilience)
커리어회복탄력성(career resilience) 셀프 트레이닝 북

초판 1쇄 발행 2020년 8월 27일

지은이 김영아
펴낸이 장길수
펴낸곳 지식과감성#
출판등록 제2012-000081호

디자인 최지희
편집 최지희
교정 박솔빈
마케팅 고은빛

주소 서울시 금천구 벚꽃로298 대륭포스트타워6차 1212호
전화 070-4651-3730~4
팩스 070-4325-7006
이메일 ksbookup@naver.com
홈페이지 www.knsbookup.com

ISBN 979-11-6552-313-8(13320)
값 14,000원

ⓒ 김영아 2020 Printed in Korea

잘못된 책은 구입하신 곳에서 바꾸어 드립니다.
이 책의 전부 또는 일부 내용을 재사용하려면 사전에 저작권자와 펴낸곳의 동의를 받아야 합니다.

이 도서의 국립중앙도서관 출판예정도서목록(CIP)은 서지정보유통지원시스템
홈페이지(http://seoji.nl.go.kr)와 국가자료공동목록시스템(http://www.nl.go.kr/kolisnet)에서
이용하실 수 있습니다. (CIP제어번호 : CIP2020034465)

홈페이지 바로가기

| 지속 가능한 커리어 성장의 지렛대 |

이제는 커리어 회복탄력성

| 커리어회복탄력성(career resilience) 셀프 트레이닝 북 |

김영아 지음

'나의 커리어를 어떻게 발전시키고
만족스럽게 살아가야 하는가'에 대한 열쇠

남들과 다른 결정적 특성은 바로 커리어회복탄력성이다!
학력, 나이, 신체능력, 인맥, 경력에 상관없이 이제는 커리어회복탄력성을 가져라!

목차

| 프롤로그 | "누가 이 책을 읽고 훈련해야 하나?"　　　　　　　　　　•6

PART 1

커리어회복탄력성 이해하기

1. 커리어회복탄력성이란　　　　　　　　　　　　　　　•12

2. 커리어회복탄력성의 구성요소　　　　　　　　　　　•17
    2-1　자기이해 및 신뢰 영역　　　　　　　　　　　•17
    2-2　성취추구 영역　　　　　　　　　　　　　　　•19
    2-3　커리어역량개발 영역　　　　　　　　　　　　•21
    2-4　변화 수용 및 대처 영역　　　　　　　　　　•24
    2-5　관계 영역　　　　　　　　　　　　　　　　　•26
    2-6　삶의 긍정성 영역　　　　　　　　　　　　　•29

PART 2

커리어회복탄력성 각 영역별 트레이닝

1. 자기이해 및 신뢰 영역 트레이닝 · 36
   1-1   자기이해 메타인지 기르기 · 38
   1-2   매일 잘한 일 적기 · 43
   1-3   자이이해 및 신뢰 영역 질문들 · 48

2. 성취추구 영역 트레이닝 · 55
   2-1   작은 성공 쌓기 · 57
   2-2   목표 정하기 · 62
   2-3   성취추구 영역 질문들 · 69

3. 커리어역량개발 영역 트레이닝 · 76
   3-1   능력자 관찰하기 · 78
   3-2   시간 관리하기 · 81
   3-3   커리어역량개발 영역 질문들 · 87

4. 변화 수용 및 대처 영역 트레이닝 · 95
   4-1   이미 하고 있기 · 98
   4-2   어제와 다르게 살기 · 103
   4-3   변화 수용 및 대처 영역 질문들 · 107

5. 관계 영역 트레이닝 · 114
   5-1   인맥 네트워크 만들기 · 117
   5-2   자아확장력 키우기 · 123
   5-3   관계 영역 질문들 · 127

6. 삶의 긍정성 영역 트레이닝 · 133
   6-1   음미하기 · 135
   6-2   운동하기 · 139
   6-3   삶의 긍정성 영역 질문들 · 142

| 에필로그 | · 149
| 참고문헌 | · 152

| 프롤로그 |

"누가 이 책을 읽고 훈련해야 하나?"

수많은 책들 중에 이 책을 집어든 당신에게 먼저 감사와 기쁨의 인사를 전합니다.
이 책을 통해 당신을 만나게 되어 정말 반갑습니다.
이 책은 다음의 사람들을 위해 세상에 나왔습니다.

◊ 원하든 원치 않았든 길었든 짧았든 경력단절로 인해 커리어세계에 다시 진입하기가 두렵고 힘든 사람들
◊ 기존에 하던 일에서 벗어나 새로운 분야로의 도전을 하고 싶으나 자신감이 떨어지고 불안에 휩싸여 있는 사람들
◊ 자신의 커리어에 대한 고민이 많은 사람들
◊ 천직을 찾고자 하고 천직을 통해 성공하고 싶은 사람들
◊ 자신이 하는 일을 통해 자신의 삶의 보람과 충만함을 느끼고 싶은 사람들

'나는 여기에 하나도 해당이 안 되는데?' 하는 생각이 드는 사람이라면 이 시대의 행운아라고 자부할 만합니다. 그런 행운이라면 더더욱 이 책을 한번 읽어 보시기 바랍니다. 혹시 주변에 이 책을 권해 줄 만한 사람이 있지 않나요? 이 책과 당신의 사례를 함께 전할 수 있다면 그것이야말로 살면서 다른 사람들에게 해 줄 수 있는 가장 값진 선물이 될 것입니다.

소수의 행운아들을 제외하고,
'정말 앞으로 어떻게 살아야 할까… 세상은 온통 4차 산업혁명이니 인공지능이니 일자리가 없어진다느니 하면서 무서운 속도로 변화해 가는 것 같은데… 내 주변을 둘러보면 할 만한 일이나 도전해 보고 싶은 건 딱히 보이지 않으니…'
이런 답답하고 막막한 심정으로 나에게 도움이 될 만한 책이 있을까 싶어 두리번거리는 당신에게 이 책을 권합니다. 지금 당신의 두 손에 잡힌 이 책은 단순한 자기계발서적 이상의 것이 될 것입니다.

이 책은 자신 안의 커리어회복탄력성(career resilience)을 찾아서 개발할 수 있도록 만든 셀프 트레이닝 북입니다.

당신이 당장 성공으로 가는 쉽고 빠른 길을 찾고 있다면 이 책은 별로 도움이 되지 않을 수 있습니다. 이 책이 가르쳐 줄 수 있는 것은 나의 커리어를 발전시켜 나가는 데에 가장 필수적이고 기본적인 기반이자 내적인 힘입니다. 그리고 더 나아가 커리어 영역뿐 아니라 내 생애 전반에 걸쳐 발휘되는 나의 소중한 인생 가치들을 깨닫고 탄탄하게 훈련해 가는 방법을 알려 줄 것입니다.

회복탄력성(resilience)이란 말은 들어봤지만 커리어회복탄력성(career resilience)이란 말은 처음 들어봤을 것입니다. 커리어회복탄력성의 개념은 다음과 같이 정의할 수 있습니다.

"커리어회복탄력성(career resilience)은 커리어와 관련된 역경과 위기를 긍정적인 태도로 극복하고 더욱 발전해 가는 힘이다."

커리어컨설팅과 코칭을 10년 이상 하고 있는 필자의 경험으로 커리어와 관련된 역경과 위기가 없는 사람은 단 한 사람도 보지 못했습니다. 도대체 저 사람은 무슨 걱정이 있으랴 싶은 전문직에 있는 사람도, 철밥통이라고 불리는 공무원도, 대기업·중소기업 가릴 것 없이 기업에 재직하고 있는 사람도, 자영업자도, 취업준비생도 심지어 초중고생들까지…. 모두 자신의 커리어에 대한 걱정과 고민이 있었습니다. 그중에서도 자신의 커리어를 잘 발전시켜 나가는 사람이 있는 반면에 어떤 사람들은 누구나 겪는 역경과 위기에도 심각한 상처를 입고 오랫동안 힘들어하기도 합니다. 이러한 차이는 도대체 어디서 생겨난 것일까요?

고민을 거듭하며 두 부류(커리어를 잘 발전시키는 사람과 그렇지 못한 사람)의 사람들을 집중 분석하고 연구한 결과, 그 차이의 결정적 요인이 '커리어회복탄력성'이라는 점을 발견할 수 있었습니다.

커리어를 잘 발전시켜 나가는 사람과 그렇지 못한 사람들의 차이점은 학력, 나이, 신체능력, 인맥, 경력, 물려받은 자산 등보다는 '커리어회복탄력성을 얼마만큼 발휘하고 있는가가 가장 결정적이고 두드러진 차이점이었던 것입니다. 이 말이 잘 이해되지 않고, 납득되지 않는다면 다음의 경우를 한번 생각해 보시기 바랍니다.

변변찮은 학력에도 불구하고
성공한 사람들과 남들이 모든 것을 그만두는 시기에 뭔가를 시작해서 성공한 사람들,
가난과 신체적 한계를 극복한 사람들,
주변 사람들에게 이용당하고 사기만 당하다가 나중에 결국 성공한 사람들,
짧은 경력에도 창의력과 자신만의 특별함으로 성공한 사람들,
아마도 각각의 경우마다 많은 사례들이 생각날 것입니다.
그들의 결핍되고 힘들었던 요인들은 각각의 경우가 다 다릅니다.

즉 커리어를 잘 발전시켜 나가는 사람과 잘 발전시켜 나가지 못하는 사람의 차이점은 학력, 나이, 신체능력, 인맥, 경력에 있는 것이 아니고 그 사람이 커리어회복탄력성을 어떤 수준으로 가지고 있는가에 달려 있는 것입니다. 각종 악조건을 딛고 성공한 사람들이 가지고 있는 남들과 다른 결정적 특성은 바로 커리어회복탄력성이었습니다.

커리어회복탄력성을 가진 사람들은 학력, 나이, 신체능력, 인맥, 경력 등의 각종 조건과 상관없이 자신이 원하는 성공을 이루어 가는 사람들입니다. 이러한 사람들은 자기 자신을 잘 이해하고 신뢰하며, 뚜렷한 목표를 가지고 있고, 꾸준히 노력하고, 용감하게 도전합니다. 또한 그들은 늘 긍정적인 태도를 유지하고 주변 사람들을 잘 보살피고 배려하는 사람들입니다.

나의 커리어회복탄력성은 '나의 커리어를 어떻게 발전시키고 만족스럽게 살아가야 하는가'에 대한 열쇠라고 할 수 있습니다. 제가 커리어회복탄력성이 지속 가능한 커리어 성장의 지렛대라고 말하는 이유입니다.

여러분은 어떠신가요? 나의 커리어회복탄력성이 어느 정도인지 궁금하지 않습니까? 나의 커리어회복탄력성에서 강한 영역은 무엇이고 개발해야 할 약한 영역은 무엇인지 궁금하지 않으신가요?

이 책은 커리어회복탄력성의 개념을 정확하게 이해하고, 자신의 커리어회복탄력성의 강한 영역과 약한 영역을 찾아 스스로 훈련할 수 있도록 구성되어 있습니다.

책을 읽다가 마음에 와닿는 부분이 있다면 밑줄을 긋고 올라오는 자신의 생각과 느낌을 적어 봅시다. 적어 보라고 되어 있는 부분은 큰 부담을 갖지 말고 한두 줄이라도 생각나는 대로 적어 봅시다.

이 책은 그야말로 트레이닝 북입니다. 제발 깨끗하게 보관하려고만 하지 마십시오. 여러분의 손때로 지저분해지고 끄적인 흔적이 가득 채워지길 바랍니다. 그리하여 그냥 한 번 읽고 마는 책이 아닌 여러분의 생각과 느낌으로 꽉 채워진 실질적인 셀프 트레이닝 북이 되기를 바랍니다.

기록의 힘을 알 수 있는 유명한 사례가 있습니다.
1953년 미국의 어느 대학에서 졸업반 학생들을 대상으로 목표에 대한 조사를 실시했는데, 67%의 학생은 목표를 설정한 적이 없다고 응답했고, 30%는 목표가 있지만 글로 적어 두진 않았다고 답했으며, 3%만이 글로 적어 두었다고 답을 했습니다.
그런데 20년 후 그들을 추적해 본 결과, 목표를 글로 적어 둔 3%의 학생들이 축척한 재산이 나머지 97%의 학생들의 것보다 2배 정도 더 많은 것으로 나타났다고 합니다. 글로 뚜렷하게 적어 두었느냐 아니냐가 목표 달성에 엄청난 차이를 가져온 것입니다.

지금의 상태에서 벗어나고 싶다면,
현재의 모습에서 변화해야 할 필요성을 느낀다면,
지금보다 더 멋지게 성장하고 싶다면,
지금보다 더 탁월한 성과를 내고 싶다면,
이 책을 읽고 책의 빈 공간을 여러분이 직접 가득가득 채우시기 바랍니다.

이 책을 통해 여러분은 커리어회복탄력성을 셀프 트레이닝 할 수 있습니다. 책에 나와 있는 훈련 방법들을 따라 열심히 훈련하고 노력한다면 100세 시대, 변화무쌍한 4차 산업혁명 시대에 꼭 필요한 기본적인 자질인 커리어회복탄력성을 확실하게 개발할 수 있을 것입니다.

==커리어회복탄력성은 여러분이 필수적으로 갖추어야 할 지속 가능한 커리어 성장의 지렛대입니다.==

이제는 커리어회복탄력성(career resilience)!

프롤로그

PART 1
커리어회복탄력성 이해하기

[KEY 1]
커리어회복탄력성이란

"나이도 스펙도 비슷한 두 사람… 그런데 왜 이렇게 다른 결과가 나올까?"

커리어전문가로서 수없이 다양한 사람들을 만나 커리어컨설팅과 코칭을 하고 있습니다. 그런데 코칭을 하다 보면, 비슷한 나이와 스펙을 가진 사람들을 만나서 비슷한 내용의 컨설팅과 코칭을 했는데도 불구하고 그 결과가 판이하게 다른 경우가 종종 있습니다. 어떤 사람들은 단 한 번의 컨설팅을 통해 자신의 진로 목표를 순조롭게 달성해 기쁨과 감사의 인사말을 전하기도 하는데, 어떤 사람들은 오래 코칭을 진행했는데도 불구하고 여전히 자신의 진로 목표를 설정하는 것도, 달성하는 것도 힘들어하곤 합니다. 심지어는 더 좋은 스펙을 가지고 있는 경우에도 그런 경우가 있었습니다.

왜 이러한 차이가 생기는 걸까… 비슷한 스펙임에도 이렇게 전혀 다른 결과가 나오는 결정적인 요인이 무엇일까… 정말 긴 시간 동안 고민에 고민을 거듭했습니다.

그러다가 어느 날 김주환 교수의 『회복탄력성』이란 책을 읽게 되었습니다. 그 책을 읽고 '회복탄력성(resilience)'의 개념을 이해하게 되었고 아 이거다 싶은 생각이 들었습니다.

회복탄력성과 관련된 많은 저서와 논문들을 읽고 연구하면서 회복탄력성을 어떻게 개발해야 하는지도 정리할 수 있었습니다.

"회복탄력성(resilience)은 역경을 극복하는 힘이자 마음의 근력이다."

튀어나온 돌에 걸려 넘어지면 걸림돌이지만 딛고 일어서면 디딤돌이라는 말이 있습니다. 인생을 살면서 누구나 각자 나름대로 역경과 위기를 겪게 됩니다. 역경과 위기가 닥쳐왔을 때 어떠한 자세로 어떻게 그 시기를 넘겼는가는 그 사람이 지닌 회복탄력성에 의해 좌우됩니다.

역경과 위기가 그 사람을 넘어지게 하는 걸림돌이 될 것인지 한 단계 도약하게 하는 디딤돌이 될 것인지는 그 사람의 회복탄력성에 달린 것입니다.

회복탄력성은 몸의 근육을 키우는 것처럼 체계적인 노력과 훈련으로 키워나갈 수 있다고 합니다. 몸의 근육을 만드는 데도 여러 달의 체계적인 노력과 훈련이 필요하듯이 회복탄력성을 키우는 데도 제법 긴 시간의 체계적인 노력과 훈련이 필요한 것입니다. 오히려 회복탄력성을 키우는 것이 근육을 만드는 것보다 더 어렵고 막막하게 느껴질 수도 있습니다. 몸의 근육은 직접 눈으로 확인이 가능하지만 마음의 근력은 눈으로 확인할 수 있는 영역이 아니기 때문입니다.

하지만 사람은 누구나 삶의 순간순간에 예전과는 다른 판단과 실천을 하는 자기 자신을 스스로 확인할 수 있기 때문에 자신의 회복탄력성이 얼마나 키워지고 있는지도 확실하게 확인할 수 있다고 생각합니다.

이러한 회복탄력성이 커리어 영역에서 발휘되는 것이 바로 '커리어회복탄력성(career resilience)'입니다. 커리어회복탄력성 또한 여러 학자들에 의해 연구되고 있는 개념입니다. 여러 학자들의 연구결과를 검토한 결과 커리어회복탄력성의 개념을 다음과 같이 정리하였습니다.

> "'커리어회복탄력성(career resilience)'은 커리어와 관련된
> 역경과 위기를 긍정적인 태도로 극복하고 더욱 발전해 가는 힘입니다."

위의 정의를 좀 더 자세히 살펴보도록 합시다.

첫째, 커리어와 관련된 역경과 위기는 무엇을 말하는 것일까요?

각자 자신의 처지에서 커리어와 관련된 다양한 고민이 있을 것입니다.
- 어떤 진로를 선택할까?
- 내가 선택한 진로가 과연 괜찮은 걸까?
- 창업을 할까, 취업을 할까?
- 창업한다면 어떻게 하는 것이 좋을까?
- 취업한다면 어떤 회사에 들어가는 것이 좋을까?
- 이직을 할까, 말까?
- 내가 언제까지 이 회사를 다닐 수 있을까?

- 다른 분야로 전직을 할까?
- 지금 하는 일을 그만두고 어디로 갈까?
- 경력단절 기간이 있었는데 무엇을 할까? 다시 일할 수 있을까?
- 정년퇴직 이후에는 뭘 하지? 등등

진로를 고민하는 청소년부터 노년을 준비하는 사람들까지 커리어와 관련된 고민이 없는 사람은 없습니다. 필자의 경험에 의하면 한 분야에서 수십 년 종사하면서 달인이 되어 인정받는 사람들조차 커리어에 관한 한 모두 예외 없이 지금 이후를 고민하고 탐색하고 있었습니다.

그 이유는… 세상이 너무나 빨리 변화하고 있기 때문입니다(여기에는 물론 나의 변화도 포함되어 있습니다. 내가 정말 빨리 늙고 있다고 느껴지지 않습니까? 아… 저만 그런가요?).

21세기인 지금 시대에 새로운 기술과 시스템이 들어오지 않는 분야는 거의 없습니다. 그 속도와 변화의 폭 역시 나날이 빨라지고 있는 추세입니다. 한마디로 예측 불가, 변화무쌍한 시대입니다. 이러한 시대를 살고 있는 우리 모두는 커리어와 관련된 역경과 위기를 수없이 겪을 수밖에 없습니다. 이 말은 반대로 생각해 보면 커리어와 관련된 역경과 위기를 잘 넘길 수 있다면 이 시대를 잘 살아낼 수 있다는 말도 됩니다.

둘째, (커리어와 관련된 역경과 위기를) 긍정적인 태도로 극복하고 발전해 간다는 것은 무엇을 의미할까요?

긍정심리학이 유행하면서 여기저기서 너도 나도 긍정의 힘, 긍정성 등을 외치고 있습니다. 오랜 기간 커리어 분야에 몸담고 있는 사람으로서 필자는 이 부분에서 정말 많은 생각을 했었습니다. 예를 들면 원치 않는 정리해고를 당하게 된 사람이 전직지원서비스를 받으면서 긍정적인 태도의 중요성에 관한 교육을 받는다면 어떨까요? 더 정확히 설명하자면, 정리해고를 단행하는 회사가 정리해고를 당하는 직원에게 긍정적인 태도의 중요성에 대해 교육하면서 지금의 정리해고를 긍정적인 태도로 극복하라고 요구한다면 과연 이것이 합당한 것인가… 하는 것입니다.

사상 최고의 청년실업률을 계속적으로 갱신하고 있는 요즘음 취업준비생들에게 긍정의 힘을 외치고 긍정적이어야 취업된다고 말할 수 있는가… 일과 가정의 양립이 가능하지 않는 기업문화와 시스템에 의해 어쩔 수 없이 경력이 단절된 여성들에게 당신이 긍정적인 태도로 노력해야 다시 직업의 세계로 들어올 수 있다고 말할 수 있는가… 이러한 고민이 계속되었습니다.

여러 고민 끝에 정리된 것은 국가와 회사와 학교 등이 아닌 각각의 개인에게는 분명히 긍정적인 태도가 의미 있다는 것입니다. 여기서 중요한 것은 '긍정적인 태도를 갖는다는 것'과 '긍정적으로 본다는 것'이 무엇인가를 정확하게 아는 것입니다.

긍정적으로 본다는 것은 무조건 좋게 보는 것이 아님을 알아야 합니다. 긍정적으로 본다는 것은 주어진 사실을 부풀리거나 축소하거나 하는 식으로 왜곡하지 않고, 있는 그대로 본다는 것을 말합니다.

예를 들어 설명하면 다음과 같습니다.

여기 방금 예기치 않게 실직하게 된 사람이 있다고 합시다. 이 사람에게 필요한 자세는 **'요즘 같이 실직자가 넘쳐나는 시기에 나도 실직하다니 어디서 다시 전처럼 일할 수 있겠어?'** 하고 비관적으로만 보는 것도 아니고, 무턱대고 **'실직해도 괜찮아. 잘 될 거야'**라고 낙관적으로만 보는 것도 아닙니다. 이 사람에게는 자신이 실직한 이유는 무엇인지, 지금 나를 둘러싼 환경과 조건은 어떠한지 등을 왜곡하지 않고, 있는 그대로 살펴보는 것이 바로 긍정적으로 보는 것입니다.

> "비관주의자는 바람이 부는 것을 불평한다.
> 낙관주의자는 바람의 방향이 바뀌기를 기대한다.
> 현실주의자는 바람에 따라 돛의 방향을 조정한다."
>
> – 윌리엄 아서 워드 –

긍정적인 태도란 위의 문구처럼 끊임없이 바람의 방향을 알아보면서 지금 당장 꼭 필요한 행동을 하는 것을 의미합니다. 꼭 필요한 행동이란 현실을 제대로 바라보고 지금 실질적으로 필요한 것을 하나씩 해 나가는 태도를 말합니다.

앞에 예를 들었던 실직자라면 비관에도 낙관에도 빠지지 않고 당장 자신의 처지에서 가장 필요한 행동을 하나씩 해 나가야 합니다. 자신이 원하는 곳에 당장 취업이 어렵다면, 편의점 아르바이트라도 하며 당장 필요한 생활비를 충당하면서 계속해서 취업에 도전해 본다든가, 전직을 위해 다양한 분야에 경험을 쌓기 위해 노력해 본다든가 하는 식입니다.

자신이 처한 현실을 냉정하게 판단하되 미래의 긍정적인 가능성을 위해 끊임없이 노력하는 자세가 바로 진정한 긍정적인 태도라고 할 수 있습니다.

이제 '커리어회복탄력성'의 개념이 확실히 이해되나요?

여러분이 자신의 커리어와 관련하여 어떤 상황에 처해 있든지 어떤 고민이 있든지 간에 커리어회복탄력성을 충분히 가지고 있다면, 아무리 어렵고 힘들더라도 한 걸음 한 걸음 딛고 나아갈 수 있고 발전해 갈 수 있습니다. 커리어회복탄력성은 회복탄력성과 같이 누구나 훈련을 통해서 개발해 나갈 수 있습니다. 이 트레이닝 북을 한 장 한 장 넘기며 꾸준히 훈련하다 보면 예전과 사뭇 달라지는 자기 자신을 발견하게 될 것입니다. 그냥 눈으로만 읽고 넘어가지 말고 꼭 펜을 들어 직접 적어 가면서 페이지를 넘기기를 당부합니다. 여러분이 적고 적는 만큼, 즉 여러분의 '커리어회복탄력성'은 여러분이 실제로 움직이는 만큼 성장하게 됩니다.

CAREER RESILIENCE

"중요한 점은 실행해야 이루어진다는 것이다."

-커리어회복탄력성 카드 中-

[KEY 2]

커리어회복탄력성의 구성요소

'커리어회복탄력성'은 다음과 같은 6가지 요소로 이루어져 있습니다.

2-1 자기이해 및 신뢰 영역

자기 자신을 제대로 이해하고 신뢰한다는 것은 어떤 것일까요?

사람들은 자기가 갈 수 있다고 믿는 만큼만 나아갈 수 있습니다. 초식동물 중 가장 큰 동물인 코끼리를 서커스 조련사가 길들이는 방법을 들은 적이 있습니다. 코끼리가 어렸을 때 코끼리를 기둥에 묶어 둡니다. 아직 어린 코끼리는 자유롭게 움직이고 싶지만 기둥에 매여진 줄의 길이만큼만 움직일 수 있습니다. 시간이 지나면 자신이 움직일 수 있는 범위가 이 줄의 길이 만큼이라는 것을 인식하고 체념하게 됩니다. 그러면 코끼리는 성장하여 이 정도의 기둥쯤은 쉽게 뽑아낼 수 있을 정도로 힘이 세짐에도 불구하고 줄의 길이 이상으로 움직이려고 하지 않게 됩니다. 어린 시절의 믿음이 세상에서 가장 힘이 센 동물인 코끼리를 작은 기둥에 묶여 지내게 만드는 것입니다. 여러분이 믿고 있는 그 줄은 어떻습니까? 여러분은 자신이 어디까지 나아갈 수 있다고 믿고 있나요?

✏️ 나를 옭아매고 있는 줄은 어떤 것인가? 곰곰이 생각해 보고 적어 보세요.

나의 답변

✏️ 이러한 자기 자신에 대한 잘못된 인식과 체념 등도 문제이지만 또한 그 줄이 무한하게 늘어날 수 있고 뭐든지 할 수 있다는 인식도 문제가 있습니다. 자기 자신을 안다는 것에는 정확한 현실 인식도 중요합니다. 타고난 신체적 조건이나 현실적인 문제 등으로 하고자 하는 것을 선택하는 것에는 제약이 따릅니다. 현재 나의 현실적 조건들은 어떠한지, 걸림돌은 무엇이고 활용할 수 있는 자원은 무엇인지 등을 객관적으로 판단하고 있는지가 참으로 중요한 것입니다.

자기이해 및 신뢰의 영역은 자기 자신을 얼마나 객관적으로 이해하고 있으며 직업적 문제들을 대처하는 것뿐만 아니라 삶의 전체 영역에서 자기 자신을 신뢰하는가를 알아볼 수 있습니다.

자기이해 및 신뢰의 개념이 높은 사람일수록
① 자신이 맡은 일은 훌륭하게 수행할 수 있다는 믿음이 있으며,
② 어떠한 상황에서도 자기 자신을 신뢰하고,
③ 성공에 대한 자신감이 있고,
④ 경력개발 과정에 어려움에 부딪힐 때도 해결할 능력이 있음을 믿으며,
⑤ 경력 목표가 분명하고, 자신의 발전 방향을 잘 알고 있고,
⑥ 자신의 커리어 분야에서 강점과 약점을 정확하게 알고 있습니다.
⇒ 이 중에서 나 자신이 몇 개나 해당되는지를 한번 체크해 보세요.

CAREER RESILIENCE

"우리가 살아온 인생을 새로운 가능성으로 바라본다."

-커리어회복탄력성 카드 中-

2-2 성취추구 영역

성취추구라는 말을 들었을 때 여러분은 어떤 생각과 느낌이 드나요?

이 영역에서는 성취추구와 성공추구를 구별해서 이해할 필요가 있습니다. 흔히 우리는 이 두 가지를 혼동해서 생각하곤 합니다. 가끔씩 매스컴을 통해, 또는 주변에 성공을 위해서 수단과 방법을 가리지 않는 소위 '성공추구형' 사람들을 볼 때가 있습니다. 그런 사람들을 볼 때면 과연 저렇게 해야 성공할 수 있는 건가 하는 생각과 나는 저렇게까지 해서 성공하고 싶지는 않으니 나는 성공을 추구하는 사람이 아니구나 하는 생각이 들기도 할 것입니다. 그러나 남들이 선망하는 것들, 즉 돈과 명예와 지위 등을 위해 노력하고 싶지 않다고 생각하는 사람들도 자신이 하고자 하는 일과 관심이 있는 분야에서는 잘하고 싶고 좋은 성과를 올리고 싶어 합니다. 그리고 남들과 경쟁하는 것은 죽어도 싫지만 자기 자신의 분야에서 실력 있는 달인이 되고자 노력하는 사람들도 많습니다. 이렇게 **나는 성공을 추구하지 않는 사람이야**라고 스스로를 생각하는 사람들이 성취추구 욕구는 높은 경우가 있습니다. 이러한 사람들은 '성공추구형'이 아닌 '성취추구형' 사람들인 것입니다.

코칭에서는 능동적 패러다임과 수동적 패러다임의 개념이 있습니다.

능동적 패러다임은 스스로 목표를 설정하고 자발적으로 노력을 기울여 자신의 인생을 풍요롭고 신나게 살아가는 패러다임을 말합니다. 이 능동적 패러다임을 가진 사람들은 새로운 도전을 주저하지 않으며 매 순간 경험하는 것들을 신선하게 받아들이고 늘 능동적으로 배우고자 하는 자세를 갖고 있습니다.

반면에 수동적 패러다임은 주어진 일과 환경에 맞추어 남들에게 지적받지 않고 그럭저럭 지내는 것을 목표로 하는 패러다임입니다. 수동적 패러다임을 가진 사람들은 빨리 이 일을 해치우고 또는 이 시간을 대충 때우고 쉬고만 싶어 합니다. 늘 피곤하고 매 순간 경험하는 것들이 지겹고 힘겹기만 합니다. 이들에게는 별다른 삶의 목표도 없고 수동적으로 매일을 그날이 그날같이 지내고 있습니다.

제가 만난 많은 사람들 중 상당수가 이 수동적 패러다임에 갇혀서 막연히 뭔가 변화해야 한다고 느끼면서도 의욕이 없거나, 시간이 없거나, 여건이 여의치 않다는 말만 되풀이하곤 합니다. 그러나 '성취추구형' 사람들을 보면 확실하게 능동적 패러다임을 가지고 있다는 것을 확인할 수 있습니다.

✏️ 여러분의 생활 전반을 살펴볼 때, 여러분은 어떤 패러다임으로 살아가고 계신가요?
그 패러다임으로 살아가는 가장 큰 이유는 무엇인지 적어 봅시다.

나의 답변

성취추구는 개인이 삶을 대하는 자세가 얼마나 성취 지향적이며 의욕적인지를 나타내고 커리어 분야에서의 성공을 위해 도전하고자 하는지를 나타냅니다.

성취추구 개념이 높은 사람일수록
① 삶의 확실한 목적이 있고,
② 이루고 싶은 뚜렷한 목표를 가지고 있으며,
③ 이루고 싶은 목표에 따른 세부계획이 있고,
④ 자신이 생각하는 뚜렷한 성공의 기준이 있고,
⑤ 자신이 성공한 모습을 생각하면 의욕이 생기고,
⑥ 새로운 도전을 두려워하지 않습니다.
⇒ 이 중에서 나 자신이 몇 개나 해당되는지를 한번 체크해 보세요.

CAREER RESILIENCE

"모든 것은 태도에 달려 있다."

-커리어회복탄력성 카드 中-

2-3 커리어역량개발 영역

커리어역량개발 개념을 설명하게 위해서는 먼저 역량의 개념을 정확하게 알아야 합니다. 역량지원서니 역량 면접이니 역량이라는 말을 많이 쓰고 듣는데, 여기에서의 '역량'이란 과연 무엇일까요?

한마디로 역량이란 특정 분야나 직무에서 일 잘하는 사람들이 가지는 특성, 즉 높은 성과를 내는 사람들의 지식, 기술, 태도라고 할 수 있습니다. 역량은 빙산 모양과 비슷하다고 볼 수 있습니다. 표면에 드러나는 빙산의 꼭대기와 같은 지식과 기술은 잘 드러나고 개발하기도 쉽습니다. 하지만 표면에 드러나지 않고 물에 잠겨 있는 빙산의 크기가 어마어마하듯이 역량을 이루는 밑바탕인 태도는 제대로 알아보기도 힘들고 개발하기도 어렵습니다. 이 태도에는 신념, 가치관, 성격, 특성, 동기, 사명감 등이 포함되어 있습니다.

내가 일하는 분야에서 또는 앞으로 지원하고자 하는 일에서 요구하는 역량은 어떤 것인가를 먼저 정리해 보기 바랍니다. 그리고 현재 내가 보유하고 있는 역량은 어떤지를 정리해 보면 지원 분야에서 요구되는 역량과 내가 보유하고 있는 역량과의 차이가 분명히 파악될 것입니다. 그 차이가 바로 내가 개발해야 할 커리어역량인 것입니다.

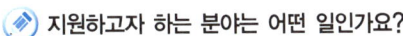 지원하고자 하는 분야는 어떤 일인가요?

나의 답변

◈ 지원하고자 하는 분야의 역량과 내가 보유한 역량을 정리해 봅시다.

항목	지원 분야의 역량	내가 보유한 역량
지식		
기술		
태도		

커리어역량을 꾸준히 개발하는 사람들은 어떤 직업을 갖느냐보다 그 직업에서 어떻게 일하느냐가 더 중요함을 아는 사람들입니다. 같은 일을 하더라도 어떤 태도와 마음가짐으로 그 일에 임하느냐에 따라서 내 업무의 수준과 성과는 큰 차이가 나게 되고 다른 사람들에게도 다르게 비춰집니다. 음식점에서 일하는 두 종업원이 있다고 가정하였을 때, 최저시급만 받으면서 하는 힘든 일이라고만 생각하는 사람과 앞으로 내가 가게를 차리게 된다면 어떻게 운영할 것인가를 염두에 두고 일하는 사람의 업무수준은 하늘과 땅 차이라고 할 수 있습니다. 어떤 분야의 일이든지 그 일을 사랑하고 그 일의 달인이 되고자 노력하는 사람은 직장생활뿐만 아니라 삶이 만족스럽고 행복합니다. 더구나 지금은 남들이 인정하는 좋은 직업을 가졌다고 해서 저절로 성공이 보장되는 시대가 아닙니다. 어떤 분야에서 일하든지 자신의 분야에서 남들이 무시할 수 없는 실력을 갖추어야만 살아남을 수 있는 시대입니다. 따라서 커리어역량개발은 변화무쌍한 시대를 살아가는 현대인의 필수역량이라고 할 수 있습니다.

커리어역량개발은 자신의 커리어 분야에서 커리어역량을 개발하기 위해 어떻게 전문적이고 체계적인 노력을 하고 있는지를 나타냅니다.

커리어역량개발을 잘하는 사람일수록
① 커리어 개발을 위해 꾸준히 학습하고,
② 커리어 전문성을 발전시키기 위해 계획적인 훈련에 적극적으로 참여하며,
③ 자신의 커리어 분야에서 탁월한 전문가가 되고 싶어 하고,
④ 자신의 커리어 분야와 관련한 새로운 정보를 지속적으로 수집하며,
⑤ 자신의 커리어역량을 융합적으로 개발하기 위해 관련 분야를 탐색하고,
⑥ 미래 직업사회의 변화에 대비하여 꾸준히 준비합니다.
⇒ 이 중에서 나 자신이 몇 개나 해당되는지를 한번 체크해 보세요.

CAREER RESILIENCE

"천직은 찾는 것이 아니라 키워가는 것이다."

-커리어회복탄력성 카드 中-

2-4 변화 수용 및 대처 영역

변화 수용 및 대처 영역이야말로 현대인들에게 가장 어렵고 가장 가까이 당면해 있는 영역이 아닐까 싶습니다. 지금 우리는 사회 전 분야에서 폭발적으로 일어나는 변화의 시기를 살고 있기 때문입니다. 기술의 분야의 발전만큼이나 큰 또 하나의 변화는 노령인구의 증가로 인한 인구 구성의 변화입니다. 세계에서 유래를 찾기 힘들 만큼 빠르고 가파르게 노인인구가 많아지고 있고, 생산가능인구도 해마다 급속도로 줄어들고 있습니다. 끊임없이 새로운 기술이 개발되었고 이 기술이 산업구조를 바꿀 것이라는 뉴스가 연일 등장하고, 서점에 가 보면 미래 사회 변화에 관한 책들이 연일 쏟아져 진열되어 있습니다.

더구나 코로나19로 인하여 이 세계의 변화는 더욱 획기적으로, 빠르게 일어날 것이 예상되는 요즈음입니다.

커리어전문가로서 활동하는 저에게 수많은 사람들이 질문을 던져옵니다.

'앞으로 어떤 일을 해야 전망이 있을까요?'

'지금 제가 하고 있는 일은 앞으로 어떻게 변화할까요?'

이러한 질문을 받게 되면 커리어전문가로서 답을 드리기 위해 최선을 다해 미래사회 변화와 일자리의 변화에 관한 분석 자료들과 관련 책들을 살펴보고, 전문가들을 직접 만나 토론하며 노력해 왔습니다. 그 결과, 한 가지 결론에 도달할 수 있었습니다. 바로 변화의 흐름은 거스를 수 없으며 누구나 자신의 자리에서 변화를 수용하고 적극적으로 대처해야 한다는 것입니다. 아무리 뛰어난 미래학자라도 미래에 대한 정확한 예측을 할 순 없습니다. 여러 가지 변수가 작용하기 때문입니다. 따라서 개인이 자신이 속한 분야의 변화를 정확하게 예측하거나 앞으로 유망한 분야를 미리 알아서 준비한다는 것은 매우 힘든 일입니다. 특히나 이미 긴 시간 경력을 쌓아 온 중장년들에게는 설사 전망이 밝은 분야가 어느 분야인지를 정확하게 내다본다고 해도 그 분야에 직접 뛰어든다는 것은 매우 힘든 일입니다. 지금도 이미 그렇지만 앞으로는 개인이 평생에 걸쳐 갖게 되는 직업의 수는 더욱 많아지게 될 것이고 빠른 기술 변화로 인해 직무수행에 필요한 능력과 기술도 갈수록 더 빠르게 변화할 것입니다.

어떻게 하면 이러한 변화를 잘 수용하고 효과적으로 대처할 수 있을까요?

무엇보다 필요한 것은 집단지성을 활용하여 공정하고 합리적인 시스템을 구축하는 것이지만 일단 이 책에서는 여러분 각자가 자신의 자리에서 어떻게 해야 할지를 먼저 탐색하고 실행해 보기를 권합니다.

✏️ 자신이 일하는 분야 또는 지원하고자 하는 분야에서 일어나는 가장 큰 기술과 체계의 변화는 무엇입니까? 관찰하고 생각한 것들을 적어 보세요.

나의 답변

변화 수용 및 대처는 변화하는 직업 환경 속에서 새롭게 대두되는 기술과 체계의 변화를 잘 수용하고 대처할 수 있는가를 나타냅니다.

변화 수용 및 대처를 잘하는 사람일수록
① 변화하는 직업 환경에 잘 적응할 수 있고,
② 자신의 커리어 분야에서의 동향과 다양한 변화를 인식하고 있으며,
③ 자신의 커리어 분야의 다양한 변화에 대처하기 위해 적극적으로 학습하고 훈련을 받으며,
④ 결과가 불확실할 때에도 필요하다면 도전을 하는 편이고,
⑤ 자신의 직무수행에 새로운 방법과 절차를 도입하며,
⑥ 체계적이지 못하고 불확실한 상황에서도 주어진 업무를 수행할 수 있습니다.
⇒ 이 중에서 나 자신이 몇 개나 해당되는지를 한번 체크해 보세요.

CAREER RESILIENCE

"우리에게 가장 필요한 것은 미래에 대한 이해와 용기다."

-커리어회복탄력성 카드 中-

2-5 관계 영역

직장생활을 하는 사람들에게 가장 힘든 점이 무엇이냐고 물으면 대부분이 직장 내 인간관계라고 대답합니다. 구인구직 포털사이트 잡코리아와 웅진지식하우스가 함께 실시한 '직장인 스트레스 현황' 조사(2016)에서 직장인 스트레스 요인 1위로 인간관계가 뽑혔다는 뉴스도 있었습니다. 이처럼 내 가족들보다 회사사람들과 함께 있는 시간이 더 길 수밖에 없는 현대인들로서는 직장 내 인간관계가 어떠하냐가 정말 내 삶의 질을 좌우한다고 할 수도 있을 만큼 중요한 문제가 됩니다. 따라서 대인관계능력이 NCS(National Competency Standards) 국가직무능력의 10개의 직업기초능력 중 하나로 꼽히고 교육되는 것은 당연한 것 같습니다.

'커리어회복탄력성'의 관계 영역은 두 부분으로 나누어집니다.
첫 번째는 커리어와 관련된 인맥을 얼마나 잘 맺고 유지하는가 하는 것이고 두 번째는 내 주변의 사람들과 얼마나 안정되고 든든한 인간관계를 잘 맺고 유지하는가입니다. 첫 번째 부분은 커리어와 관련된 인맥에 관한 것이니 당연하다고 생각되겠지만 두 번째 부분은 잘 이해가 안 될 수 있습니다. 커리어와 별 관련이 없는 듯이 생각되는 가정, 친척, 이웃, 친구들과 좋은 관계를 맺는 것이 왜 커리어회복탄력성과 관련이 있는지 말입니다. 사실 인간관계를 잘 맺고 유지하는 능력은 삶의 전 영역에서 발휘되는 것입니다. 직장에서는 좋은 관계를 맺을 줄 아는 사람이 가정에서는 가족들과 늘 마찰을 빚는 경우는 드뭅니다. 반대로 가정과 친구와 이웃들과 원만히 잘 지내는 사람이 직장에서만 인간관계에 문제가 생기는 경우도 드물 것입니다. 그리고 무엇보다 중요한 것이 가정, 친구, 이웃들과 안정되고 든든한 관계를 맺고 유지할 줄 아는 능력은 자신의 커리어 분야에서 겪는 다양한 어려움도 잘 견딜 수 있는 자원이 되어 준다는 것입니다.

실제로 커리어 컨설팅과 코칭을 하다 보면 가정이 화목하고 좋은 관계인 사람들은 설사 예기치 않는 실직을 하게 되거나 직장 내의 역경이 찾아와도 큰 문제 없이 새로운 대안을 모색하고 실행해 보는 자세를 보이곤 합니다. 반대로 가정이 화목하지 못하고 좋지 못한 사람들은 그 여파로 인해 직장 내의 작은 역경과 위기에도 견디지 못하고 문제를 더 키우거나, 감당하지 못하는 경우를 종종 보게 됩니다.

그렇다면 인간관계를 잘 맺고 유지하기 위해서는 어떠한 노력이 필요할까요?

✏️ 자신이 속한 모든(온라인과 오프라인 모두) 인간관계 영역을 적어 보세요.

나의 답변

✏️ 좋은 인간관계를 맺고 유지하기 위한 효과적인 노하우는 무엇인지 적어 보세요.

나의 답변

관계는 안정적이고 친밀한 인간관계를 맺고 있는가와 커리어 개발에 도움이 되는 인맥을 맺고 그 인맥을 활용할 수 있는 능력을 나타냅니다.

관계를 잘 맺고 유지하는 사람일수록

① 자신의 커리어와 관련된 사람들과 유대관계를 맺고 유지하는 것이 중요하다고 생각하고,

② 영향력 있는 사람들과 교류할 기회를 얻기 바라며,

③ 자신의 경력에 도움을 줄 수 있는 인맥을 갖고 있으며,

④ 재충전을 위한 활동을 함께하는 사람들이 있고,

⑤ 스트레스를 털어놓을 수 있어서 큰 힘이 되어 주는 사람들이 있으며,

⑥ 주위에 사랑과 관심을 갖고 자신을 응원하고 격려해 주는 사람들이 있다.

⇒ 이 중에서 나 자신이 몇 개나 해당되는지를 한번 체크해 보세요.

CAREER RESILIENCE

"새로운 인맥에 뛰어들어야 한다."

-커리어회복탄력성 카드 中-

2-6 삶의 긍정성 영역

김주환 교수의 저서 『회복탄력성』에서는 '회복탄력성을 높이기 위해서는 뇌의 긍정성을 높여야 한다'고 이야기합니다. 즉 평상시에 느끼는 긍정적 정서의 수준을 높게 유지해야 역경과 위기를 잘 극복할 수 있다는 것입니다. 사람은 누구나 다양한 역경과 위기를 겪으며 살게 됩니다. 긍정적 정서의 수준이 높다고 해서 역경과 위기를 겪지 않고 사는 것이 아닙니다. 아프고 힘든 건 남들과 똑같습니다. 다만 긍정적 정서의 수준이 높은 사람들은 역경과 위기를 겪어도 다시 평상시 자신의 높은 긍정적 정서의 수준으로 되돌아가는 시간이 부정적인 사람들보다 더 적게 걸립니다. 망가질 때 망가지더라도 원상태로 복원되는 것이 빠르다는 겁니다. 김주환 교수는 평소의 긍정적 정서를 높이기 위해서는 감사일기 쓰기와 규칙적인 운동이 가장 효과적이라고 합니다.

진로에 대한 고민을 하거나, 실직의 상태에 있거나, 경력단절을 극복해야 하는 사람들에게도, 즉 커리어 영역의 역경과 위기에서도 평소의 긍정적 정서 수준이 큰 영향을 미치게 됩니다. 앞 장에서 설명했듯이 삶의 긍정성을 갖추는 것은 자기 자신과 자기 주변을 냉철하게 있는 그대로 살펴보고 현실적인 판단을 하면서도 희망의 끈을 놓지 않는 것을 말합니다.

필자의 경험에 의하면 커리어에 문제가 생기는 것은 삶에 있어서 중요도 3순위 안에 드는 큰 문제입니다. 커리어에 역경과 위기를 맞는다는 것은 자신의 문제뿐만이 아니라 가족의 생계와도 직결되는 일로, 자신감과 행복감이 급속도로 떨어지게 됩니다. 그렇기 때문에 평소에 삶의 긍정성 수준을 높여 놓는 것이 정말 중요합니다. 커리어회복탄력성에 삶의 긍정성 영역이 반드시 포함되는 이유입니다.

✎ 여러분의 삶에서 감사해 할 것은 어떤 것들이 있는지 찾아서 적어 봅시다. 10개 이상 적어 보세요. 생각나지 않더라도 억지로라도 10개의 개수를 채워 보시기 바랍니다.
물론 10개 이상 적을 수 있다면 그건 더 좋은 일입니다.

첫째,

둘째,

셋째,

넷째,

다섯째,

여섯째,

일곱째,

여덟째,

아홉째,

열째,

삶의 긍정성은 자신의 삶에 얼마만큼 만족하고 있고 긍정적인 자세로 감사함을 느끼며 살아가고 있는지를 나타냅니다.

삶의 긍정성 영역이 높은 사람일수록
① 자신의 인생에 만족하고,
② 자신의 삶의 여러 가지 조건들에 만족하며,
③ 자신의 인생에서 중요하다고 생각하는 것들은 다 갖고 있다고 생각하고,
④ 인생을 살아갈수록 더 많고 다양한 사람들에게 고마움을 느끼며,
⑤ 세상을 둘러볼 때, 감사해야 할 것이 매우 많다고 느끼고,
⑥ 사람이나 일에 대한 고마움을 즉각적으로 느끼는 편입니다.
⇒ 이 중에서 나 자신이 몇 개나 해당되는지를 한번 체크해 보세요.

CAREER RESILIENCE

"매일 감사할 것을 찾아라."

-커리어회복탄력성 카드 中-

자, 지금까지 6개의 커리어회복탄력성에 영역을 살펴보았습니다.

여기서 중요한 것은 여러분 자신의 커리어회복탄력성의 강한 영역과 약한 영역을 찾는 것입니다. 각 영역별로 체크를 많이 한 영역이 강한 영역이고, 적게 체크된 영역이 약한 영역입니다. 영역별 체크 숫자가 같다면 두 영역 중에 어느 영역이 더 약한 영역인지를 조금 더 생각해 보시기 바랍니다. 강한 영역을 찾는 것보다 약한 영역을 찾는 것에 더욱 신경 써야 합니다. 그 이유를 설명하겠습니다.

우리는 자신의 강점과 약점을 찾을 때 약점을 보완하려고 노력하기보다 강점을 더 강하게 발휘하라는 말을 듣습니다. 약점을 보완해서 무난 무난한, 전반적으로 중간은 가는 사람이 되는 것(약점을 보완하는 것은 정말 비효율적이고 힘든 일)보다는 자신의 강점을 더욱 강하게 개발(약점을 보완하는 것보다 더 쉽고 재미있음)해서 대체 불가능한, 자신만의 기술과 능력을 가진 사람이 되는 것이 더 필요한 시대니까요.

그러나 커리어회복탄력성은 강점과 약점의 개념과는 다른 우산과 같은 개념입니다.

역경과 위기의 비가 들이칠 때 우리는 6개의 영역으로 이루어진 커리어회복탄력성이라는 우산을 쓰게 됩니다. 여러분이 발견한 약한 영역들은 우산으로 치면 구멍이 생긴 영역입니다. 당연히 그 구멍으로 역경과 위기의 비가 그대로 들이칠 것입니다. 따라서 우리는 커리어회복탄력성을 이루는 6개의 영역을 골고루 개발하고 균형 있게 관리할 필요가 있습니다. 이것이 약한 영역을 찾는 것이 중요한 이유입니다.

이 책은 각 영역별로 어떻게 개발하고 관리할 것인지를 스스로 훈련할 수 있도록 구성되어 있습니다. 차근차근 직접 실행해 봅시다.

자신의 약한 영역을 찾아서 개발해야 하는 것이 중요하다고 얘기하면 약한 영역부터 훈련하려는 분들이 있는데, 그것보다는 강한 영역을 먼저 훈련하기를 권합니다. 왜냐하면 그동안 많은 사람들을 대상으로 커리어회복탄력성의 각 영역별 훈련을 실행해 본 결과, 강한 영역의 훈련을 먼저 하는 것이 약한 영역에만 집중하는 것보다 훨씬 훈련의 효과가 좋았습니다. 예를 들어 삶의 긍정성이 가장 약한 영역이었던 사람은 자신의 약한 영역에만 집중하여 훈련을 했을 때 왠지 자신이 삶을 부정적인 태도로 살아가는 것이 아닌가 하는 걱정이 들 수 있습니다. 하지만 자신의 강한 영역인 성취추구 영역의 훈련을 먼저 하다 보면 자신이 최선을 다해 노력해 왔다는 것을 인식하게 되고 자신을 긍정적으로 바라볼 수 있게 됩니다. 또한 워크숍의 분위기도 더 활기차고 유쾌하게 흘러갔습니다. 그 이유는 강한 영역의 훈련을 할 때 좀 더 쉽게 성취감과 자신감을 갖게 되고 그 힘을 추진력 삼아 나머지 영역의 훈련들도 수월하게 진도를 나갈 수 있었기 때문입니다. 아무래도 사람은 자신의 약점보다 강점에 집중할 때 훨씬 더 힘이 나는 존재라는 것을 실감할 수 있는 부분입니다.

CAREER RESILIENCE

"변화는 마음을 열고 현실 속에서 다양한 실험을 할 때 오는 것이다."

-커리어회복탄력성 카드 中-

PART 2

커리어회복탄력성 각 영역별 트레이닝

[KEY 1]
자기이해 및 신뢰 영역 트레이닝

자기이해 및 신뢰 영역의 트레이닝으로 두 가지 방법을 제시하려고 합니다.
첫째, 자기이해를 위한 메타인지를 기르는 훈련과
둘째, 자기 자신을 신뢰할 수 있는 자신감을 기르는 매일 잘한 일 적기 훈련입니다.

자기이해 및 신뢰 영역의 본격적인 트레이닝에 들어가기에 앞서 몇 가지 확실하게 짚고 넘어가고 싶은 것이 있습니다.

첫째, 그것은 진로, 성격, 적성 등의 검사는 자신을 객관적으로 이해하는 참고자료일 뿐 그 검사 결과를 맹신하거나 확정된 것으로 받아들이지 말라는 것입니다.

초중고 청소년들은 진로선호도검사, 적성검사, 성격검사 등을 통해 자신의 성격과 직업적 흥미를 탐색할 수 있습니다. 대부분의 청소년은 아직 진로를 확정하지 않은 상태에서 이러한 검사들을 시행하기 때문에 검사 결과를 참고하여 자신의 진로를 결정하곤 합니다.

그러나 초중고를 지나서 대학교에 진학하여 전공 공부를 하게 되고, 대학을 가지 않았더라도 사회 경험을 통해 일에 관한 경력을 쌓은 경우, 또는 이미 상당한 사회 경험을 쌓아온 경력자들은 검사 결과에 따라 결정하기가 어렵습니다.

몸이 아픈 사람들을 위해 의료분야에서 일하고 싶다고 생각하는 사람이 있다고 가정해 봅시다. 이 사람이 의료분야에서 일하고 싶다고 하더라도 많은 사람들이 선망하는 의사가 될 수 있을지 여부는 잘 따져봐야 합니다. 자신의 나이, 학력, 경제력, 체력 등을 따져서 의사가 될 것인지, 간호사가 될 것인지, 물리치료사가 될 것인지, 요양보호사가 될 것인지, 간병인이 될 것인지를 결정해야 하는 것입니다.

이처럼 성인이 된 사람은 각종 검사의 결과를 받아들일 때 자신의 경험과 자신에게 주어진 환경(신체적, 경제적, 관계적 환경) 등을 종합적으로 고려하여 자신을 객관적으로 이해하는 참고자료로 봐야 합니다.

둘째, 우리의 직업적 자아는 여러 개일 수 있다는 것과 우리의 적성과 성격은 계속해서 변화할 수 있다는 것입니다.

하나의 고정된 틀로 자신을 바라보지 않았으면 좋겠습니다. 우리는 주어진 상황에 따라 또는 생각의 변화에 따라 얼마든지 다양하게 변신이 가능한 존재들입니다.

20년, 30년 동안 한 가지 직업에 종사했다고 해서 다른 직업을 가지고 살아갈 수 없는 것이 아닙니다. 한 번에 한 가지의 직업만을 가질 수 있는 것도 아닙니다. 경우에 따라서는 투 잡, 쓰리 잡도 가능합니다. 전혀 연관성 없는 직업을 넘나들거나 동시에 여러 가지 일을 하면서 살 수 있다는 것은 사람에게는 하나의 직업적 자아만 있는 것이 아니며 직업적 흥미와 적성 또한 변해 갈 수 있다는 증거입니다.

사람은 복합적이고 다중적인 존재라고 하는데, 그동안의 경험과 현재의 상황(환경)에 따라 항상 변화하는 존재이기 때문입니다. 따라서 **자신을 이해하는 것은 단 한 번에 끝나는 것이 아니라 끝없이 반복해서 해 나가야** 합니다.

CAREER RESILIENCE

" 통찰을 얻기 위해 한 걸음 물러서서 바라보라. "

-커리어회복탄력성 카드 中-

1-1 자기이해 메타인지 기르기

"메타인지를 활용하자"

자기이해를 위해 메타인지를 기르는 것이 왜 필요할까요?

그 필요성을 설명하기에 앞서 메타인지가 무엇인지부터 알아봅시다.

'메타인지'란 자신의 인지적 활동에 대한 지식과 조절을 의미하는 것으로, 내가 무엇을 알고 모르는지에 대해 아는 것부터 자신이 모르는 부분을 보완하기 위한 계획과 그 계획의 실행과정을 평가하는 것에 이르는 전반을 의미합니다.

쉽게 말하면 내가 무엇을 알고 무엇을 모르는지를 아는 것에서 출발하여 내가 모르는 부분을 어떻게 채워 가야 할지도 아는 것이 메타인지라는 것입니다. 이 메타인지는 주로 인지심리학에서 학습과 관련된 연구 개념으로 널리 쓰이고 있습니다.

이 메타인지의 개념을 자기이해의 영역에서 활용해 보면 어떨까요?

자기 자신이 어떠한 성격과 적성과 흥미, 재능을 가지고 있는지 어떤 강점과 어떤 약점을 가지고 있는지를 잘 알고, 자신의 성격과 적성과 흥미, 재능을 어떻게 발전시켜 나가야 할지, 어떻게 약점을 보완해야 할지를 아는 것을 자기이해의 메타인지라고 할 수 있습니다. 나 자신을 좀 더 객관적으로 바라보는 시각, 그 시각이 바로 자기이해의 메타인지인 것입니다. 메타인지가 발달하여야 효율적이고 효과적인 학습이 가능하듯이 자기이해의 메타인지도 자기이해능력을 개발함에 있어서 꼭 필요하다고 볼 수 있습니다.

그렇다면 이러한 자기이해의 메타인지를 기르기 위해서는 어떤 훈련이 필요할까요?

인지심리학에서는 메타인지를 기르는 활동으로 '설명'을 가장 좋은 방법으로 보고 있습니다. 어떤 주제를 설명해 보면 자신이 설명할 수 있는 것은 제대로 아는 것이고 설명할 수 없거나, 설명이 어설프거나, 심지어 설명이 틀렸다면 그 주제를 모른다는 것입니다. '설명'은 자신 외에 다른 대상에게, 설사 혼자서라도 누군가 듣거나 읽을 수 있도록 말하거나 쓰는 행동을 통해 자신의 머릿속의 지식과 이해한 것을 상대방이 알아듣도록 표현하는 작업입니다. 이러한 '설명'을 자기이해의 영역에서 활용해 보도록 합시다. 자기 자신에 대해서 설명하다 보면 자신도 미처 알아차리지 못한 부분이 튀어

나오기도 하고 평소 자신에 대해 생각해 왔던 부분을 다시 생각해 보기도 하고 자기 자신에 대해 더 깊은 이해를 할 수 있는 기회가 될 것입니다.

"나는 어떤 사람일까?"

자기이해 영역의 첫 번째 트레이닝입니다.

자 다음의 빈칸의 질문에 **최대한 빠르게, 최대한 많이** 적어 보도록 합시다.

시간 제한은 5분 정도가 적합합니다. 더 이상 길게 생각하고 적으려고 하면 너무 어렵게 느껴지거나 복잡하게 생각될 수 있으니 시간은 5분 정도만 알람을 맞춰 놓습니다.

질문에 즉각적으로 떠오르는 생각들을 다시 생각하거나 이리저리 재지 말고 바로바로 적어 가기 바랍니다. 하나의 문장에는 하나의 카테고리로 묶을 수 있는 내용만 적어야 합니다.

예를 들어 '나는 긍정적이고 낙천적이고 유쾌한 사람이다'는 괜찮지만 '나는 유능한 회사원이고, 좋은 아빠이고, 친절한 친구다'는 안 됩니다. 이 문장을 적고 싶다면 '나는 유능한 회사원이다', '나는 좋은 아빠이다', '나는 친절한 친구다'라는 세 문장으로 적어야 합니다.

혼자서 이 작업을 하는 분들은 이 칸을 이용해서 적어야겠지만, 지금 바로 편안하게 대화할 수 있는 사람이 마침 내 옆에 있다면 그 사람에게 양해를 구하고 **직접 설명**해 보는 것도 더욱 좋을 것입니다.

질문 1 당신은 어떤 사람입니까? (**10개 이상 적기**)

① 나는

② 나는

③ 나는

④ 나는

PART 2. 커리어회복탄력성 각 영역별 트레이닝

⑤ 나는

⑥ 나는

⑦ 나는

⑧ 나는

⑨ 나는

⑩ 나는

질문 2 당신 자신에게 가장 마음에 드는 부분은 무엇인가요? (3개 이상 적기)

①

②

③

④

⑤

⑥

◆ **질문 3** 당신 자신에게 기대하는 것은 무엇인가요? (3개 이상 적기)

①
②
③
④
⑤
⑥

◆ 세 개의 키워드 고르기

적으면서 어떤 느낌이 들었나요?

최대한 많이 적는 것이 좋습니다. 나 스스로 나 자신을 어떻게 생각하고 있는지 어떤 시각으로 보고 있는지 생각나는 대로 적어 보세요. 다 적었다면 여러분이 쓴 것을 천천히 읽어 보십시오. 소리 내어 읽어 보는 것도 좋습니다.

읽으면서 여러 번 반복되는 단어나 내용이 있는지 살펴보세요. 많이 반복되는 단어나 내용이 여러분을 이해하는 핵심 키워드가 될지도 모릅니다.

그러한 단어와 내용은 동그라미를 그려 보시기 바랍니다. 몇 개나 있나요?

여러 개가 있다면 그중에 가장 많이 반복된 것과 느낌의 강도가 강한 것 중심으로 3개만 골라 보시기 바랍니다. 3개의 키워드를 골라내고 그 키워드를 곰곰이 살펴보는 시간이 필요합니다. 그리고 그 키워드를 중심으로 다시 자신이 어떤 사람인가를 하나의 문장으로 표현해 보세요.

이 작업을 해 보면 자신에 대한 이해가 한층 더 깊어지고 풍부해지는 것을 느낄 수 있을 것입니다.

마지막 작업 하나의 문장으로 만들기

〈나는 _____ 이다.〉

그리고 가능하면 이 문장을 가족이나 친한 친구, 직장 동료, 동호회 회원 등 평소 믿을 만한 관계이고, 편안한 대화를 나누어 왔던 사람들에게 보여 주는 것이 좋습니다.

단 편안한 관계가 아닌 사람에게 굳이 이 문장을 공유하는 것은 주의하는 것이 좋습니다. 있는 그대로의 나를 드러낼 수 없는 사람들에게까지 나 자신에 대한 이해를 화제에 올리게 되면 진정한 지지와 지원을 받지 못하게 될 가능성이 크기 때문입니다. 그 사람들은 겉으로야 '와 대단하다. 정말 그런 것 같아'라는 식으로 여러분의 이야기를 들어주고 맞장구쳐 주겠지만 진심에서 우러나오는 피드백은 아닐 수도 있습니다. 여러 가지로 궁리하고 고민해서 하나의 문장으로 나를 표현했는데, 그것을 진심이 통하지 않는 상황에서 공유하는 위험은 일단 피하는 것이 좋다는 것이 제 생각입니다.

그리고 무엇보다 중요한 것은 그 문장을 다시 한번 읽었을 때 드는 느낌입니다. 무언가 **뿌듯하고 진짜 내 모습이라는 느낌**이 드는지 천천히 느껴보시기 바랍니다. 진짜 내 모습이라는 느낌이 약하거나 잘 들지 않는다면 다시 생각해서 적어볼 것을 권합니다. '이게 진짜 나다. 이렇게 정리할 수 있다니 참 뿌듯하고 기쁘다!'란 느낌이 확실해질 때까지 시간이 좀 걸리더라도 계속해서 노력하기 바랍니다.

CAREER RESILIENCE

"훌륭한 질문은 곧 훌륭한 답이다."

-커리어회복탄력성 카드 中-

1-2 매일 잘한 일 적기

자기이해 및 신뢰 영역의 두 번째 트레이닝을 할 차례입니다.

첫 번째 트레이닝이 자기이해 메타인지를 길러서 자신을 제대로 이해하기 위한 것이었다면 **두 번째 트레이닝은 매일매일 잘한 일을 기록함으로써 자신감과 유능감을 기르기 위한 것**입니다. 이 방법은 일본의 나가야 겐이치라는 행동변화 전문가가 창안한 방법으로 이 방법을 꾸준히 실천하는 사람들은 자존감과 자신감, 긍정성 등이 획기적으로 오르는 효과를 보았다고 합니다.

"매일 잘한 일 적기"

이제부터 할 일은 매일매일 자신이 잘한 일을 한 개씩 적어 보는 것입니다.

"하루에 잘한 일 한 개를 한 줄로 적기"

이것이 전부입니다!!! 여러 개를 여러 줄로 적는 것도 좋겠지만 일단은 한 개를 한 줄로 적겠다는 부담 없고 가벼운 마음으로 시작하시기 바랍니다. 너무 의욕적으로 시작해서 부담스러워지는 것보다 부담 없이 시작해서 꾸준히 매일 하는 것이 훨씬 좋습니다. 매일! 매일 하는 것이 관건입니다.

우리는 하루를 지내면서 정말 많은 일을 하고 있습니다. 일하는 사람으로서, 가족으로서, 친구로서, 회원으로서, 취미활동을 하는 사람으로서 등등… 여기에 먹고, 자고, 씻기 등의 살아가기 위해 필수적으로 해야 하는 일까지….

이러한 여러 가지 활동들을 평소에 하던 대로 하면서 조금씩 평소보다는 좀 더 잘한 일을 하루에 한 개씩 찾아보도록 합시다.

매일 하는 식사지만 오늘은 특별히 건강식을 챙겨 먹었다든지, 매일 하는 업무이지만 오늘은 특별히 좀 더 노력해서 완성도를 높였다든지, 늘 에스컬레이터를 타다가 오늘은 계단을 이용해서 활동량을 늘렸다든지, 길을 묻는 사람에게 친절하게 길 안내를 해 주었다든지 등 평소에 늘 하던 대로 하던 것에서 조금이라도 더 발전적이고 칭찬할 만한 일을 찾아 하루에 한 개씩 적어 가는 것입니다.

"잘한 일을 선정하는 기준"

잘한 일을 선정하는 기준은 오로지 나 자신입니다. 내가 어떤 일을 했을 때 나오는 다른 사람의 칭찬이나 반응에서 찾는 것이 아니라 내가 해서 기분 좋아지고 보람이 느껴지고 뿌듯한 느낌을 주는 일을 찾는 것입니다.

매일매일 잘한 일 적기는 자기 전에 하루를 돌아보면서 하는 것이 좋습니다. 한 줄만 간단히 적으면 되므로 자기 전에 큰 부담이나 숙제같이 느껴지지 않을 것입니다. 오늘의 잘한 일을 찾는 시간은 여러분에게 하루를 간단하게라도 돌아보게 하는 기회가 될 수 있습니다. 잠자리에 들기 직전에야 오늘은 적을 만한 게 없다고 생각되어도 걱정할 필요가 없습니다. 아주 간단한 습관 하나를 하고 그것을 적으면 되니까요. (이 간단한 습관이 무엇인지는 성취영역에서 설명하겠습니다. p.57)

매일매일 잘한 일을 적다 보면 오늘 밤에 적을 잘한 일 한 개를 위해 의식적으로 노력하게 됩니다. 그냥 아무 생각 없이 할 일을 좀 더 의식하고 노력해서 하게 되는 것입니다. 하루에 한 개를 기본으로 하되 좀 더 적을 만한 일이 많았다면 더 많이 적어도 좋습니다. 그리고 좀 더 의욕이 생기고 습관이 되었다면 잘한 일을 한 줄로 적고 자신의 느낌도 간단히 덧붙이는 것도 좋겠습니다.

'건강을 위해 야식을 먹지 않았다'라고 쓰고 '스스로가 대견했다'라는 식의 느낌을 덧붙이는 것입니다.

✏️ **오늘 잘한 일은 무엇인가요?**

날짜	잘한 일

◆ 오늘 잘한 일은 무엇인가요?

날짜	잘한 일

"자신을 신뢰하기"

　매일매일 잘한 일 적기 트레이닝은 자신을 신뢰할 수 있도록 합니다. 우리는 나의 판단과 느낌보다 다른 사람의 판단과 느낌을 통해 자신을 평가하는 일이 익숙합니다. 즉 자기 자신을 평가하는 기준을 다른 사람의 피드백에 두는 것입니다. 물론 다른 사람들의 판단과 느낌을 알아차리고 적절한 대응을 하는 것도 필요합니다. 그러나 자기 자신을 판단하는 기준을 자기 자신보다 다른 사람들의 평가에 내맡기는 경향이 심한 사람들일수록 다른 사람들이 나를 어떻게 보는지, 어떻게 판단하는지, 어떻게 대하는지에 따라 자신의 판단과 기분이 휘둘리게 됩니다.

　다른 사람들의 피드백이 아닌 자기 자신의 판단과 느낌으로 나라는 사람에 대한 기준을 바꾸는 훈련이 바로 매일매일 잘한 일 적기 훈련입니다. 스스로를 칭찬하고 대견해하는 마음, 뿌듯해하는 마음이 늘어간다면 자기 자신에 대한 신뢰를 나날이 더 강하게 키워 나갈 수 있을 것입니다.

CAREER RESILIENCE

"무슨 일을 하느냐보다 어떻게 하느냐가 더 중요하다."

-커리어회복탄력성 카드 中-

1-3 자아이해 및 신뢰 영역 질문들

① 당신에 대해 가장 마음에 드는 부분은 무엇인가요?

자기이해 및 신뢰 영역의 질문 중 첫 번째 질문입니다.
첫 번째라고 해서 가장 중요하거나 좋은 질문이라는 뜻은 아닙니다.
순서와 번호에는 큰 의미가 없습니다.

나 자신을 생각할 때 가장 마음에 드는 부분이 무엇이냐고 물을 때 떠오르는 것이 몇 가지나 있나요?
셀 수도 없이 많이 떠오른다는 사람보다는 **'가만있자… 어떤 것들이 있지?'** 하고 한참을 생각해야 하는 사람들이 훨씬 많을 것입니다.
남들이 나에게 하는 가장 많은 칭찬은 주로 어떤 것입니까?
그 칭찬을 들었을 때 어떤 기분이 들고, 어떤 생각이 드시나요?
나에게서 한 걸음 떨어져 나와 다른 사람이 되어 나란 사람을 바라보았을 때 어떤 점이 가장 마음에 드실까요?

가장 마음에 드는 부분을 찾아보세요.
가장 마음에 드는 부분을 찾는 그 시선은 갓난아이의 재롱을 보는 따뜻한 미소를 띤 시선, 멋진 풍경을 바라보는 감탄하는 시선과 같은 것이기를 바랍니다.
당신은 사랑과 찬사를 받아 마땅한 소중한 사람이니까요. ^^

나의 답변

② 자신감을 가지는 데 도움이 되는 생각과 행동은 무엇인가요?

자신감을 가지는 데 도움이 되는 생각과 행동은 여러 가지가 있을 것입니다.

그 모든 것들을 생각나는 대로 적어 보는 것도 좋습니다.

빈 종이에 떠오르는 대로 5가지 이상 적어 봅시다.

시간 제한은 3분으로 제한하고 타이머를 작동시키고 이제 빈 종이에 쓰기 시작~~~!

쉽지 않죠?^^

시간 제한을 두고 생각나는 대로 두서없이 마구 적어내는 방식은 브레인스토밍 방식입니다.

자, 다 쓴 것들 중에서 가장 괜찮다고 생각되는 것을 딱 하나만 골라 봅시다.

그리고 그것을 지금 당장 실행에 옮겨 보시기 바랍니다.

제가 여러분에게 권하고 싶은 것 한 가지는 "파워포즈"입니다.

"파워포즈"란 그 동작을 취했을 때 자신감이 저절로 생기는 제스처를 말합니다.

대표적인 파워포즈는 슈퍼맨처럼 팔을 치켜 올리거나 원더우먼처럼 허리에 두 손을 얹는 자세가 파워포즈입니다. 자신감을 가지는 데 가장 즉각적이면서 실천하기 쉬운 것이 바로 "파워포즈"입니다. 지금 당장 파워포즈를 해 보십시오. 어떤 기분이 드나요?

나의 답변

③ 여러분은 여러분 자신이 어떤 상태에서 강점이 발휘되는지 생각해 본 적이 있나요?^^

일단 내 강점이 뭔지도 잘 파악이 안 되고 뚜렷이 떠오르는 것이 없는 사람이라면 더더욱 이 질문이 어렵게 느껴질 수 있습니다. 강점은 다른 사람들과 비교하여 내가 더 잘하고 뛰어난 것이 아닙니다. 내 안의 여러 특성들 중에서 생활하면서, 또는 주어진 업무를 수행하면서 좋은 성과를 내게 하는 가장 능숙하게, 자주 쓰게 되는 특성들을 말합니다.

주의하세요~ 다시 이야기하지만 다른 사람들보다 더 뛰어난 점이 아니라 내 안의 여러 가지 것들을 비교해서 그중 뛰어난 것이 강점입니다.

가장 최근에 했던 어떤 일을 떠올려 보세요!

리포트를 작성했을 수도 있고 회의에 참석했을 수도 있고 운동을 했거나 누군가와 대화를 나누었거나 집안일을 했을 수도 있습니다. 여러 가지 일들이 많이 떠오를 것입니다.

떠오르는 일들의 각각의 경우에 가장 만족스럽고 좋은 결과를 냈었던 일을 찾아보세요.

그리고 그 과정에서 발휘된 나만의 특성을 찾아내 보세요. 그것이 바로 당신의 강점입니다.

자… 이렇게 찾아낸 자신의 강점을 최대한으로 끌어내려면 어떻게 해야 할까요?

어떤 좋은 비법이 있을까요? 다양한 많은 방법이 있을 것입니다. 많은 방법들 중에서 제가 추천하는 방법은 다음과 같습니다.

제가 경험한 바에 의하면 나의 강점이 가장 잘 발휘될 때는 내가 기분 좋은 상태, 의욕이 올라와서 스스로 움직일 때였습니다. 마음이 가벼워야 몸이 움직인다는 말이 있습니다. 여러분의 강점을 잘 쓰면서 살고 싶다면 일단 나 자신의 기분을 좋게 만들기 위해 노력해 볼 것을 적극적으로 추천합니다.

나의 답변

④ 당신 자신에게 기대하는 것은 무엇인가요?

여러분은 자기 자신에게 어떤 것을 기대하고 있나요?

내가 나란 사람에게 거는 기대가 어떤 것인지를 곰곰이 생각해 봅시다.

사람들은 자기 자신에게 거는 기대만큼 나아갈 수 있고 성장할 수 있습니다.

자신의 키에 100배를 뛰어오르는 벼룩을 상자에 가둬 두면 상자 크기만큼만 뛰는 벼룩이 되듯이 사람은 누구나 자신의 기대치만큼만 성장하고 성취하게 됩니다.

나란 사람의 잠재력을 어느 정도까지 가늠하고 있습니까?

다시 한번 이야기하지만 나의 기대치를 다른 사람들의 기대와 비교할 필요도 없고, 다른 사람들이 나에게 갖는 기대와도 비교할 필요가 없습니다.

저는 여러분에게 그 기대는 다만 내가 나에게 스스로 걸어보는 것이고 지금 막연히 갖고 있는 기대치보다는 조금만 더 구체적으로, 조금만 더 높게, 자신에 대한 기대치를 가져 보라고 말하고 싶습니다.

나 자신에게 기대하는 것은 무엇인가…

곰곰이 생각해 보고 떠오르는 대로 적어 보시기 바랍니다.

나의 답변

⑤ 자기를 정확하게 이해하고 있다는 것은 어떤 것일까요?

자기 자신을 제대로 아는 것은 당연한 듯 생각되어도 막상 생각해 보면 어렵고 어려운 것이 아닐까 싶은 생각이 듭니다.

오늘의 나는 어제의 나와 어떤 차이가 있을까요? 그날이 그날 같으니 별 다른 차이를 발견하지 못하나요? 그렇다면 작년의 나와 올해의 나는 어떤 차이가 있나요? 또는 5년 전의 나와 지금의 나는 어떤 차이가 있나요?

나를 둘러싼 환경이 변화하였듯이 나의 내면도 변화한 것들이 있을 것입니다.

나의 기본적인 기질과 강점, 약점들은 그대로라 하더라도 그 발현되는 양상과 강도에는 반드시 변한 부분을 찾을 수 있습니다.

그 변한 부분이 긍정적인가요? 부정적인가요? 나 자신과 관련된 새롭게 알게 된 것들은 무엇인가요? 자신을 얼마나 객관화하여 볼 수 있느냐가 바로 그 사람의 성숙도라는 말이 있습니다.

자기 자신을 정확하게 알아가는 것은 한 번에 완벽하게 끝낼 수도 없고 끝이 보이지 않기에 하염없이 가야 하는 길이 아닐까 싶습니다.

나의 답변

⑥ 당신이 할 수 있다고 믿고 있나요? 아니면 할 수 없다고 믿고 있나요?

이 질문은 자기 자신을 얼마만큼 신뢰하고 있냐고 묻는 질문입니다.

사람들은 내가 할 수 있다고 믿는 만큼 나아갈 수 있고, 성장할 수 있고, 노력할 수 있다고 생각됩니다.

자신이 할 수 있다는 믿음 없이 뭔가를 한다는 것은 무엇을 의미할까요?

어떤 일을 할 때 자신이 할 수 있다는 믿음이 없다는 것은 그 일을 스스로 선택하지 못했거나 충분히 고민하지 않았기 때문이 아닐까 싶습니다.

의무감에, 남들도 하니까 나도 해야 할 것 같아서… 관습적으로 하는 일이니까… 시키는 일이니까… 등등.

내가 스스로 어떤 일을 선택할 때에는 당연히 내가 할 수 있는지, 없는지 여부를 따져보기도 하고 내가 얼마만큼 이 일을 하고자 하는지, 이 일을 했을 때의 원하는 결과는 어떠한지 등을 충분히 따져보며 생각하게 됩니다.

하지만 그렇게 충분히 탐색하고, 생각하고, 결정하는 과정 없이 어떤 일을 무턱대고 하게 된다면 내가 할 수 있다는 믿음이 생길 틈도 없이 해야만 한다는 의무감이나 부담감으로 꽉 차 버리게 되는 것이 아닐까 싶습니다.

다들 잘 알겠지만 의무감과 부담감이 차지하는 부분이 많은 일은 결국 점점 재미가 없어지고 오랫동안 지속하기가 힘들어집니다.

자기 자신에 대한 신뢰는 저절로 생기지 않습니다.

작은 일이라도 해냈을 때, 자기 자신에게 거는 기대를 충족시킨 경험이 차곡차곡 쌓였을 때 자기 자신에 대한 신뢰를 조금씩 단단하게 쌓아 나갈 수 있습니다.

그러려면 먼저 하고 싶은 작은 일을 시도해 보세요.
(처음부터 너무 큰일에 도전하는 것은 위험 부담이 크고 무모한 모험입니다.)

나 자신이 그 작은 일을 잘할 수 있다고 믿어주세요!

그리고 실제로 그 일을 잘해 낸 나 자신을 마음껏 칭찬해 주세요!!

이러한 과정을 자주 반복한다면 자신에 대한 신뢰가 단단하게 쌓여 나갈 것입니다. 자기 자신에 대한 신뢰가 있는 사람은 어떤 역경과 위기가 닥쳐도 굳건히 자신의 자리를 지켜 나갈 수 있습니다.

나의 답변

[KEY 2]

성취추구 영역 트레이닝

성취추구 영역의 트레이닝으로 두 가지 방법을 제시합니다.
첫째, 작은 성공을 쌓아 성취감을 기르는 훈련과
둘째, 목표 정하기를 통해 목표 달성률을 높이는 훈련입니다.

"성취욕이 뭘까?"

평상시 자신의 성취욕이 어느 정도라고 생각하나요? 주변을 둘러보면 남다른 성취욕을 가진 사람들이 눈에 띌 것입니다. 끊임없이 도전하고 뭔가를 배우러 다니고 부지런히 활동하는 사람들을 보면 참 타고났나 보다 하는 생각도 들고, 나는 저렇게까지 바쁘게, 빡빡하게 살고 싶지 않다는 생각도 들고, 한편으로는 이래서 내가 별다른 성취를 못하고 사나 하는 생각이 들기도 합니다.

저도 여러분과 별로 다르지 않았습니다. 성취욕이 남다른 사람들은 '그렇게 타고났기에 저렇게 매사에 악착같이 해서 성과를 내나 보다' 하는 생각을 했고, **나는 지금 하는 일도 버겁고 힘들 때가 많은데, 여기서 뭘 더 노력하고 살아야 한다는 말이야?'** 싶은 생각에 그냥 편하게, 주어진 대로 만족하고 살자는 생각을 많이 했었습니다.

하지만 제가 앞 장(p.19)에서 설명한 것처럼 성취추구와 성공추구는 구별하여 봐야 할 문제이고, 여기서 다루고 싶은 것은 성취추구의 바탕이 되는 **성취욕**입니다.

어떤 일이든 일을 하는 사람은, 그리고 어떤 영역이든 맡은 바 책임이 있는 사람은 그 일을 잘해 내고자 하는 욕구와 책임을 다하고자 하는 마음이 있습니다. 자신이 하는 일을, 자신이 책임지고 있는 일을 잘 못하고 싶고, 망치고 싶은 사람은 단 한 명도 없을 것입니다(물론 그렇게 보이는 사람도 종종 보이긴 합니다). 그런데 문제는 남들보다 일을 못하지 않고 망치지 않는 정도의 성취욕을 꾸준히 갖고 발휘하는 것도 참 쉽지가 않다는 것입니다. 남들보다 뛰어나자고 하는 것도, 남들보다 특출 난 성과를 내자는 것도 아닌데 평범한 수준의 성취도 꾸준히 이루어 내는 것이 참으로 힘들다는 말입니다. 뭔가를 시작할 때는 의욕이 활활 타오르는데 그 의욕이 며칠 안 가서 싸늘하게 식는 경험을 하는 사람도 많습니다. 마지막으로, 의외로 많은 사람들이 뭔가 열정적으로 하고자 하는 욕구가 일어나지 않고 뭘 해도 덤덤하고, 해야 한다는 의무감에 억지로 의지와 열정을 짜낸다는 느낌에 시달리고 있습니다.

이러한 사람들에게 다음의 두 가지 트레이닝을 권합니다. 작은 성공을 쌓아 성취감을 기르는 훈련과 목표 달성률을 높이는 목표 정하기 훈련을 통해 여러분의 성취를 실현하는 데 튼튼한 바탕이 되는 기본기를 쌓아 가기를 바랍니다.

CAREER RESILIENCE

"실험으로 나의 욕구를 확인하라."

-커리어회복탄력성 카드 中-

2-1 작은 성공 쌓기

"작은 습관을 매일 반복하기"

얼마 전에 SBS스페셜에서 〈작은 습관의 기적〉이라는 프로그램을 방영한 적이 있습니다. SBS스페셜은 일요일 밤에 하는 다큐 프로그램인데, 해당 방송에서는 여러 가지 나쁜 습관으로 인해 고생하는 사람들이 나왔습니다. 나쁜 습관으로 고생하는 사람들이 그 나쁜 습관에서 벗어나기 위해 작은 습관을 정하고 실천하여 자신감과 실천력을 키워가는 과정을 보여 주는 내용이었습니다. 거기서 실천한 습관은 거창하지도, 큰 노력과 시간을 요구하는 것도 아니었습니다. 아주 작은 습관, 즉 아침에 이불 개기(이불, 베개, 요를 하나씩 개는 것이 아닌 그냥 펼쳐져 있는 매트리스를 반으로 포개는 정도), 10분간 타이머를 켜고 집 안 물건들 정리하기, 학교에서 돌아오자마자 흰 백지에 그날 배운 것을 생각나는 대로 써 보기 등 생활 속에서 쉽게 실천 가능하고 부담되지 않는 작은 행동들이었습니다. 그러나 하루에 1~3개의 작은 습관들을 매일 체크하면서 실천한 출연자들은 한 달 만에 엄청난 변화를 이루어 냈습니다. 원하는 목표를 이루었을 뿐만 아니라 삶의 다른 영역에서도 또 다른 목표를 세워 실천해 보고자 하는 의욕까지 생겨났습니다.

그 프로그램에서도 소개된 책으로 『습관의 재발견』이라는 책이 있습니다. 하루에 한 번의 팔굽혀 펴기를 통해서 인생이 변화한 저자가 작은 습관이 얼마나 유용한지, 얼마나 큰 변화를 이루어 낼 수 있는지를 잘 정리해서 이야기해 줍니다.

여기서 말하는 작은 습관이란 절대 실패하기 어려운 아주 작은, 정말 정말 작은 실천행동을 말합니다. 운동을 하는 것이라면 한 번의 팔굽혀 펴기, 1분 동안 제자리 걷기 등을 실천행동으로 정했고, 독서를 하는 것이라면 한 페이지 읽기, 명상을 하는 것이라면 1분 동안 눈 감고 호흡에 집중하기 같은 것들을 실천행동으로 정하는 식입니다.

저 또한 계획 세우기와 계획표 작성하기가 취미일 정도로 늘 생활을 개선하고 싶어 하고 목표를 세우고 달성할 때 벅찬 희열을 느끼는 스타일입니다. 하지만 솔직하게 말하자면 제일 잘하는 것이 계획 세우기와 계획표 작성하기일 뿐 정작 실천하려고 하면 작심삼일이 되기 일쑤였습니다. 뭔가를 하고자 하는 의욕도 있고, 해야 할 필요도 확실했으나 문제는 늘 지속성에 있었던 것입니다. 하다 말고, 하다 말고를 반복하면서 어떻게 하면 지속적으로 변화를 이루어 나갈 수 있을까 하는 막막한 고민을 거듭

거듭했었던 기억이 정말 선명합니다. 그러다 발견한 책이 『습관의 재발견』이라는 책이고, 그 책에서 나오는 작은 습관에 대한 이야기가 지속성이 고질적인 문제였던 저에게 정말 설득력 있게 다가왔습니다.

"3가지 작은 습관 실천하기"

그 책을 읽으며 저도 그 책의 저자와 같이 3가지 정도의 작은 습관을 정해 매일 실천해 보았습니다. 작은 습관을 정할 때는 아주 작게, 뇌가 변화라고 인식할 수 없을 만큼 아주 작은 습관을 정하는 것이 포인트입니다. 저의 경우에는 하루에 3페이지의 독서, 3줄 이상 글쓰기, 1개 이상의 스쿼트로 정했습니다. A4 용지 한 장에 작은 습관 기록표를 만들고 매일 체크하면서 실천해 나갔습니다. 그 3가지가 모두 쉽고 큰 에너지를 필요로 하는 것이 아니었기에 부담 없이 매일 실천하게 되었고, 매일 동그라미를 그리며 기록하다 보니 정말 하기 싫은 날도 동그라미를 계속 그리고 싶다는 생각에 귀찮음을 꾹 참고 움직이게 되었습니다. 사실 그때의 3줄 이상 글쓰기란 작은 습관을 통해서 쓰게 된 것이 바로 이 책입니다. 커리어회복탄력성 카드를 개발하고 워크숍을 진행하는 사람으로서 커리어회복탄력성을 스스로 훈련할 수 있는 책을 내자고 마음먹은 지 한참의 시간이 지나도록 글을 쓰는 것이 쉽지 않았습니다. 막상 글을 쓰려고 자리에 앉으면 막막한 느낌에 부담감이 몰려왔고 곧 컴퓨터 화면을 닫기 일쑤였습니다. 그러다 보니 하루하루를 바쁘게 지내면서 다른 급한 일들은 다 하는데 정작 가장 하고 싶고 중요하다고 생각하는 글쓰기만 못 하는 날이 허다했습니다. 그러던 어느 날 작은 습관을 실천하기를 시작하면서 하루에 단 3줄만 쓰자고 마음먹었습니다. 그리고 정말 그날부터 하루에 단 3줄만(하루에 달랑 3줄이라니… 너무한 거 아니냐고 놀리던 친구가 생각납니다) 써 나갔습니다. 너무 바쁜 일정이 있던 날에는 자기 전에야 겨우 '아… 오늘 3줄 쓰기를 못 했구나' 하는 생각이 들 때면 그냥 자고 싶은 마음이 굴뚝같았지만 **'3줄만 쓰면 되니까 간단하게라도 쓰자. 내일 다 지우고 다시 쓰더라도 3줄만 쓰자'** 라는 마음을 먹으니 조금은 가벼운 마음으로 컴퓨터 앞에 앉을 수 있었습니다. 그렇게 하루 이틀 습관이 되고 나니 처음 마음먹었던 3줄만 쓰고 파일을 닫은 날도 있었고, 5줄, 10줄을 이어서 쓰는 날도 생기게 되었습니다. 하루 3줄 쓰기라는 작은 습관으로 결국 이 책을 완성할 수 있었습니다.

이렇게 하루 단위로 아주 작은 습관을 정하고 매일매일 지속하는 것을 목표로 나아가다 보면 큰 부담 없이 원하는 목표를 향해 나아갈 수 있습니다. 하루에 3페이지의 독서, 3줄 이상의 글쓰기, 1개 이상의 스쿼트 하기라는 작은 습관의 실천을 통해 당장에는 눈에 보이는 성과나 뚜렷한 변화도 없을지라도, 결국에는 시간이 지날수록(임계점을 돌파했을 때) 크고 뚜렷한 성과로 나타난다는 것을 확신할 수 있었습니다.

자 여러분도 지금부터 시작할 수 있습니다.

일단 다음의 '습관 점검표'에 쓸 3개의 항목을 정합시다.

그리고 매일 동그라미(○)와 가위표(×)를 하면서 체크해 나갑시다.

아주 작은 습관이고 부담이 없기 때문에 아마도 동그라미만 계속해서 그려나가게 될 것이고, 그러다 보면 정말 하기 싫은 날에도 동그라미를 계속 그리기 위해 간단히 작은 습관을 실천하는 자신을 보게 될 것입니다.

30일을 이어서 체크하고 30일에 한 번씩 자신에게 작은 보상이나 선물을 하세요. 저도 30일간 노력한 저 자신에게 꽃이나 케이크 등의 선물을 하거나 원하는 공연을 보거나 하는 식의 보상을 저 스스로에게 선물했습니다. 이러한 선물이 무엇보다 스스로에게 큰 힘과 격려가 됩니다.

습관 점검표

	1	2	3	4	5	6	7	8	9	10
습관 1 ( )										
습관 2 ( )										
습관 3 ( )										

	11	12	13	14	15	16	17	18	19	20
습관 1 ( )										
습관 2 ( )										
습관 3 ( )										

	21	22	23	24	25	26	27	28	29	30
습관 1 ( )										
습관 2 ( )										
습관 3 ( )										

◆ 한 달간 노력한 자신에게 주는 선물은 무엇인가요?

자신이 정말 기뻐할 만한 선물을 정하는 것이 좋습니다.

저의 경우에는 평상시에 가 보지 못했던 맛 집을 가족들과 함께 가는 것, 뮤지컬이나 공연을 보러 가는 것, 세일 때를 기다리지 않고 예쁜 옷을 사는 것 등이 있었습니다. 평소 갖고 싶었던 것을 자신에게 선물하거나 즐기고 싶었던 것을 즐기도록 하는 것을 선물로 정하기 바랍니다.

한 달간 노력한
나에게 주는 선물

CAREER RESILIENCE

"작은 성공들을 쌓아라."

-커리어회복탄력성 카드 中-

2-2 목표 정하기

"가장 힘든 것은 목표가 없을 때!"

살면서 가장 힘들 때는 목표가 없거나 목표가 막연할 때라고 생각합니다. 여러분도 그동안 살아 오면서 정말 힘들었던 때가 언제였던가를 생각해 보시기 바랍니다. 뭔가 확실한 목표가 있는 상태에서는 아무리 힘든 역경과 위기가 닥치더라도 견뎌 내거나 극복할 힘이 생깁니다. 하지만 큰 문제랄 것도 없고, 뚜렷한 목표도 없는 상태에서는 자신의 이 상황이 답답하고 막막하게 느껴집니다. 뭔가를 해야 할 것 같기는 한데… 지금의 상태에 안주하기도 그렇고, 그렇다고 뭘 해야 할지, 뭘 하고 싶은지도 잘 모르겠고, 근데 남들은 다 뭔가를 향해 열심히 나아가고 있는 것 같고… 나만 정체되고 뒤처지고 있는 것 같은 느낌… 이러한 상태가 사실 제일 힘들고 그 상태를 깨고 나오는 것이 참으로 어려운 일입니다.

이러한 상태를 깨는 방법 중 가장 효과적이고 확실한 방법은 앞 장에서 말한 자신의 생활을 개선할 만한 작은 습관을 한두 개 정해서 일단 시작하는 것입니다. 작은 습관을 정해 지속적으로 실천하다 보면 그 사소하고 작은 실천들이 내면에 역동을 불러오기 시작합니다. 이때가 바로 제대로 된 목표를 정할 시기입니다. 뭔가 변화가 시작되었고 의욕이 살살 생겨날 때가 확실하고 뚜렷한 목표를 정할 가장 최적의 타이밍이라는 것입니다. 왜 처음부터 목표 정하는 것부터 시작하지 않을까 하는 의문을 가지는 사람도 있을 것입니다. 예전의 저도 항상 계획을 세울 때 목표를 정하는 것부터 하곤 했습니다. 여러분도 목표를 떠올리면(예를 들어 10kg를 감량한 나 자신의 모습을 떠올리면) 지금 당장 그 목표를 다 이룬 듯이 기분 좋아지고 가슴이 설레는 경험을 했을 겁니다. 목표를 달성한 모습을 떠올리면 당장은 기분이 좋아지고 벌써 다 이룬 것 같고 의욕도 충만하지만 문제는 그 의욕과 열정이 필연적으로 3일째부터는 위기를 맞게 된다는 겁니다. 의욕적으로 시작한 계획을 지속할 수 없는 이런저런 일들이 이상하게 작심삼일째부터 마구 생겨납니다. 여러분도 모두 경험한 적이 있을 겁니다. 늘 내일부터를 외치던 다이어트를 굳은 결심을 하고서 "오늘부터!"를 선언하면 갑자기 회식이 생기거나 유명한 맛집에서 모임이 만들어지기도 하고… 영어 온라인 방송을 매일 듣기로 하고 열심히 듣노라면 이상하게 3일째부터 몸이 아프게 되거나, 너무 바쁜 일이 생기고 등등… 그래서 '작심삼일(作心三日)'이라는 그 말이 정말 문자 그대로 이루어지는 뼈아픈 기억들이 떠오를 것입니다. 이러한 작심삼일 효과를 피하기 위해서 처음에 목표부터 덜컥 정하고 시작하기보다는 뭔가 의욕과 설렘이 살살 생겨 나고 내면에 역동이 일어나는 때에 비로소 목표를 정하는 것이 더 좋다고 생각합니다.

"꿈을 그리는 것과 목표를 정하는 것을 구분하기"

꿈을 그리는 것과 목표를 정하는 것을 분명하게 구분할 필요가 있습니다. 꿈을 그리는 것이 최종적으로 얻고자 하는 원하는 결과라면 목표는 그 꿈을 이룰 수 있도록 하는 내비게이션과 같습니다. 꿈의 단계, 꿈의 구체적인 과정이 바로 목표가 됩니다. 그래서 목표는 단계적으로 세워야 하고 단계별로 여러 개의 목표를 세워야 합니다.

정말로 실현될 수 있는 목표를 정하기 위해서 필수적으로 갖추어야 할 첫 번째는 바로 목표를 단계별로 세우는 것입니다. 그 단계의 간격은 하루, 일주일, 한 달, 석 달, 반년, 1년 정도가 알맞습니다. 그 이상의 기간이 걸리는 목표라면 그때 다시 정하는 것이 좋습니다. 물론 원하는 꿈을 이루기 위한 기간이 정해진 것이라면 1년을 넘는 기간도 잡을 수 있습니다. 그러나 대부분의 목표는 1년을 기점으로 다시 정하고 조금씩 수정해 가는 것이 현실적으로 가장 좋다고 생각합니다. 그 이유는 목표를 달성해 가는 과정에서 우리는 새롭게 알아가는 것이 생기고 나를 둘러싼 주변 상황도 계속해서 변화하기 때문입니다. 계획을 세울 때와 직접 실행해 보면서 알아가는 것은 전혀 다를 수 있습니다. 제대로 된 정보는 직접 실행해 봤을 때 얻어지는 정보입니다. 실행해서 얻어지는 진짜 정보와 실행하면서 변화하는 상황에 맞추어 목표를 수정하려면 아무리 길게 잡아도 1년 이상의 기간을 정하는 것은 무리라는 생각이 듭니다. 그래서 1년을 기점으로 본다면 최소 6단계 이상(하루, 일주일, 한 달, 분기, 6개월, 1년. 물론 조정 가능합니다)의 목표가 필요한 것입니다.

정말로 실현될 수 있는 목표를 정하는 두 번째 방법은 목표들을 구체화하고 수치화하는 것입니다. 너무 뻔한 방법이라는 생각이 들고, 정말 여기저기서 많이 들었던 이야기라 식상하겠지만 이 방법은 정말 효과가 있습니다!!! 그냥 막연히 운동을 더 하겠다가 아니라 일주일에 몇 회, 몇 시간, 무슨 운동을 어떤 순서로 하는지까지 정해 놓는 것이 좋습니다. 그냥 취업을 하겠다가 아니라 언제, 어떤 회사, 어떤 직위와 급여 수준을 원하는지 등등을 최대한 구체적으로, 수치화해서 명확하게 정하는 것입니다.

여기서 또 중요한 포인트는 결과에 주목하지 말고 내가 할 수 있는 것에 초점을 맞추라는 것입니다. 취업을 목표로 했다고 해서 취업 그 자체만을 목표로 삼는다면 어쩌면 원하는 결과가 안 나올 수도 있습니다. 그러나 단계별 목표를 매주 한 군데 이상의 회사에 지원한다, 또는 일주일에 1회 이상 취업스터디에 참여한다는 식으로 내가 할 수 있는 것을 목표로 삼는다면 그 목표는 반드시 이룰 수 있는 목표가 됩니다.

"내 목표를 냉정하게 살펴보기"

다음으로 이 칸들을 다 채웠다면 당신의 목표를 냉정한 눈으로 살펴볼 필요가 있습니다. 그렇습니다. 냉정하게 약간은 삐딱한 시선으로, 한번 검토한다는 마음으로 그 목표들을 찬찬히 살펴보세요. 그렇게 쳐다보라고 하는 것은 그 목표가 여러분의 시간과 노력이 투입되었을 때 과연 실현 가능한지를 살펴보라는 겁니다. 여러분, 목표는 나의 시간과 나의 노력을 투입하여 달성 가능한 것이 진짜 목표입니다. 우연히 얻어지거나(로또 당첨!) 운에 맡기거나(묻지 마 투자!) 해서 이루어지는 목표는 다 가짜 목표입니다. 가짜 목표는 달성하기도 어렵지만 설사 달성된다 해도 또 다른 문제를 일으킵니다. 우연과 운에 기대지 않고 여러분의 시간과 노력이 투입하여 달성하는 목표가 진짜 제대로 된 목표입니다.

다음의 목표 계획표에 목표를 정해서 적어 보세요!
지금부터 당장 이 칸을 채우면서 목표를 직접 적어 보시기 바랍니다.
일단 이 책에서는 여러분의 3개 분야의 꿈을 그리고 그 꿈을 이루기 위한 단계별 목표를 6단계로 정하도록 했습니다.

🔖 목표 1

기간	목표
최종 목표 (=1년 후에 이루고 싶은 꿈)	
오늘 하루	
이번 일주일	
첫 달	
분기(3개월) 후	
6개월 후	
9개월 후	

📝 목표 2

기간	목표
최종 목표 (=1년 후에 이루고 싶은 꿈)	
오늘 하루	
이번 일주일	
첫 달	
분기(3개월) 후	
6개월 후	
9개월 후	

📝 목표 3

기간	목표
최종 목표 (=1년 후에 이루고 싶은 꿈)	
오늘 하루	
이번 일주일	
첫 달	
분기(3개월) 후	
6개월 후	
9개월 후	

📝 목표 계획표 예시

기간	목표
최종 목표 (=1년 후에 이루고 싶은 꿈)	무역사무원으로 취업한다.
오늘 하루	무역사무원의 지식, 기술, 태도 등 직무역량에 대하여 정보를 취득하고 정리한다.
이번 일주일	무역사무원으로 취업하기 위해 준비해야 할 것은 무엇인지 알아보고 알아본 정보를 노트에 정리한다.
첫 달	1년 안에 무역사무원이 될 수 있는 세부계획을 수립하고 실행 준비를 한다. 무역사무원 재직자를 직접 만나 잡(job) 인터뷰를 3명 이상 진행한다.
분기(3개월) 후	필요한 자격증을 준비한다. 첫 번째 자격증을 취득한다.
6개월 후	필요한 자격증을 2개 취득한다.
9개월 후	필요한 자격증을 모두 취득하고 취업활동을 한다.

CAREER RESILIENCE

"준비된 사람에게 기회가 온다."

-커리어회복탄력성 카드 中-

2-3 성취추구 영역 질문들

① 커리어 분야에서 이루고 싶은 성공은 무엇인가요?

지금 일하고 있는 분야에서 어떤 성공을 이루고 싶습니까? 우리 모두는 성공이라고 여기는 모습이 다 다르다고 생각됩니다. 이번 질문은 인생에서 성공했다고 한다면 어떤 모습이면 될까를 묻는 것이 아닙니다.

그보다는 좀 더 범위를 좁혀서 내가 일하는 분야, 내가 몸담고 있는 분야에서 성공했다고 한다면 어떤 모습일지를 생각해 보라고 묻는 것입니다.

각자의 커리어 분야에서 이루고 싶은 성공은 무엇일까요?

다양한 커리어 분야에서 각자 이루고 싶은 성공의 모습은(자신의 분야에서 달인으로 인정받는 것, 뛰어난 성취를 이루어내는 것, 내가 원하는 기간까지 일하는 것 등등) 다 다르겠지만 결국 이루고자 하는 것들은 모두 성취와 관련되어 있습니다.

뭔가를 성취해 낸다는 것은 그 밑바닥에 있는 열정, 노력, 끈기, 성실 등이 밑받침되어야 가능합니다.

그러기에 커리어 분야에서 이루고 싶은 성공은 무엇인가를 묻는 질문은 그 성공을 이룰 수 있는 열정이 있느냐, 그 성공을 이룰 수 있는 노력을 할 각오가 되어 있느냐, 그 성공을 이룰 수 있는 끈기와 성실을 갖추었느냐를 묻는 질문이라고 할 수 있습니다. 여러분은 어떤가요? 나의 커리어 분야에서 이루고 싶은 성공은 무엇이고 그 성공을 위해 어떤 준비와 각오가 되어 있습니까?

나의 답변

② 가장 큰 성취감을 느꼈던 일은 어떤 일인가요?

이제까지 살아오면서 가장 큰 성취감을 느꼈던 일은 어떤 일인지 생각해 봅시다.

주로 어떤 일에서, 어떤 상황에서 큰 성취감을 느껴왔나요? 내가 성취감을 느낀 일과 상황들을 분석해 본다면 그것 또한 나 자신을 제대로 이해하는 데 큰 열쇠가 되어 줄 것입니다.

주로 다른 사람들과 함께 일하고 좋은 결과를 얻었을 때였는지, 아니면 혼자서 탁월한 성과를 올렸을 때였는지, 뭔가를 배우고 나의 변화를 느꼈을 때였는지, 뭔가를 가르치고 사람들의 변화를 확인했을 때였는지, 남들이 인정해 줄 때였는지, 아무도 몰라줘도 나만의 변화와 성장을 느꼈을 때였는지… 등등 여러분이 큰 성취감을 느꼈을 때는 과연 어떠한 상황이었습니까?

내가 어떤 때 가장 큰 성취감을 느끼는 사람인지를 분명하게 알 수 있다면 살아가면서 다시금 그러한 성취감을 느낄 수 있는 비슷한 상황을 만들어 내는 것이 좀 더 쉬워질 것입니다. 비슷한 환경과 조건을 조성하고 그때 사용한 나의 자원(나의 강점들)을 다시 사용하면 되니까요.

그런데 생각해 보면… 인생에서 소위 엄청나게 큰 성취감은 자주 느끼지 못할지도 모릅니다.

어쩌면 인생에서 엄청난 성취감은 행운의 네잎클로버처럼 행운이 따라줘야 맛볼 수 있지 않을까 하는 생각도 듭니다. 그러나 네잎클로버의 꽃말은 행운이고 흔하디흔한 세 잎 클로버의 꽃말은 행복 아니겠습니까? 세잎클로버의 꽃말에 비추어 생각하면 평상시 작은 성취감을 자주자주 맛보고 살 수 있다면 그것이야말로 정말 소중한 행복이 아닐까요? 일상에서 쟁취해 낼 수 있는 작은 성취감을 알뜰히 모으고 모아서 소중한 행복을 가득가득 만들어 내는 사람이 되시길 바랍니다.

나의 답변

③ 6개월 후, 혹은 1년 후에 목표를 이루기 위해 지금 시도해 볼 것은 무엇일까요?

6개월 후, 또는 1년 후의 나를 떠올려 봅시다. 어떤 상황인가요?

나는 무엇을 하고 있을까요? 나는 어떤 사람들과 함께 있나요? 아니면 혼자 있나요? 6개월 후, 또는 1년 후에 기대했던 바로 그 모습인가요?

위의 질문들의 대답을 생각할 때, 좀 다르게 접근해 보는 것도 좋을 것 같습니다.

바로 6개월 후, 또는 1년 후에 내가 원하는 목표를 이루었다고 가정해 봅시다.

지금 이 순간… 내가 원하는 목표를 이룬 나 자신이 되는 겁니다.

그리고 목표를 이룬… 6개월 후, 또는 1년 후의 내가 지금의 나에게 시도해 보라고 이야기해 주고 싶은 것은 무엇일까요? 목표를 이루기 위한 실천지침은 3개 이하로 잡아야 한다는 것을 명심하고, 현재의 나에게 목표를 이룬 미래의 내가 해주고 싶은 이야기를 해 봅시다.

저의 경우는 "커리어회복탄력성 셀프 트레이닝 북"을 출간하여 저자로서 활동하는 내가 지금의 나에게 이렇게 말하겠습니다.

"첫째, 매일 블로그 활동을 꾸준히 해서 책의 내용들을 만들어 내고 둘째, 매일 간단한 근력운동 10개 이상 하고 셋째, 매일 독서 세 장 이상을 매일, 매일, 매일 체크하면서 실천해"라고 말입니다. 지금 그렇게 하고 있는 중입니다. (제발 이대로 지속되기를!)

내가 원하는 목표를 이룬 미래의 내가 오늘의 나에게 던져주는 메시지를 꼭 적어 보고 시도해 봅시다!

**1년 후의 내가
지금 나에게
해 주고 싶은 이야기**

나의 답변

④ 무엇이 당신을 앞으로 나아가게 하나요?

편안하게 안주하고 싶고 마냥 게으름을 피우고 싶은 때도 있고 다 때려치우고 도망치고 싶을 때고 있고 분명히 해야 하는 일이고, 하면 좋은 일이고, 하기만 하면 어떻게든 되는 일(저의 경우 다이어트와 책 원고 쓰기!)이라는 걸 잘 알면서도 차일피일 미루기만 할 때도 있지만… 그래도 나로 하여금 기어이 한 발 내딛게 만드는 것은 과연 무엇인가요?

내가 지금 이렇게 열심히 사는 이유가 무엇일까… 고여 있는 물과 같이 가만히 안주하여 퇴보하지 않도록 나를 끊임없이 나아가도록 하는 원동력은 과연 무엇일까…를 깊이깊이 생각해 보시기 바랍니다.

지금 나의 상태가 편안함에 젖어 있고 앞으로 나아가지 않는 상태라고 생각된다면 예전에 내가 한 발 크게 내딛고 나아갔던 과거의 경험을 떠올려 보고 어떤 이유로 그때 그렇게 전진했었는지를 생각해 보시기 바랍니다.

나를 앞으로 나아가게 하는 것이 생존에 대한, 또는 뒤처지는 것에 대한, 또는 미래에 대한 불안입니까?

나를 앞으로 나아가게 하는 것이 더 많이 쟁취하고, 더 많이 소유하고, 더 많이 과시하고 싶은 욕망입니까?

나를 앞으로 나아가게 하는 것이 가족에 대한, 내 삶에 대한, 인류에 대한 사랑입니까?

나를 앞으로 나아가게 하는 것이 어떤 성격의 것인지를 곰곰이 생각해 보시기 바랍니다. 불안과 욕망은 나쁘니까 안 좋고 사랑만이 좋은 것이라고 이야기하고 싶은 것이 아닙니다. 그렇게 단순하게 이야기할 수 있는 문제는 아니라고 생각합니다.

다만 "무엇이 나를 앞으로 나아가게 하는가"라는 이 질문을 통해 내 성취의 원동력이 무엇인지를 찾아본다면 나를 좀 더 깊이 이해할 수 있는 열쇠가 될 것입니다.

나의 답변

⑤ **커리어 분야에서 도전해 본 것은 무엇이었나요?**

이제까지 직업생활을 해 오면서 도전해 본 것은 무엇인지 찬찬히 생각해 봅시다.

여기서 도전이라고 해서 너무 거창한 것들만을 생각하지 않았으면 합니다. 새로운 직업으로의 전직이라든가, 새로운 직장으로의 이직이라든가, 회사를 그만두고 다시 학교로 돌아갔다든가 하는 등의 인생에 한 획을 그을 만한 큰 것들만을 생각할 것이 아니라 직무에 필요한 교육과정을 수료했다든가, 해 보지 않았던 방법으로 업무를 수행했다든가, 새로운 시스템을 도입해 보았다든가 하는 작은 도전들도 떠올려 보는 것도 좋습니다. 그러한 작은 도전들이 모여서 나중에 큰 변화를 이루게 되는 단초가 되기도 하고 새로운 기회를 제공하기도 하고 획기적인 변화를 이루게 하는 힘이 되어 주기 때문입니다.

평상시에 작은 도전들을 해 나가다 보면 이리저리 실패도 하고, 실수도 하고, 영 엉뚱한 결과를 맞이하기도 합니다. 하지만 작은 도전이었기에 그 도전의 결과가 설령 좀 실망스럽더라도 생활 속에서 충분히 감내할 만할 것이고, 큰 문제가 되지 않을 겁니다. 중요한 것은 **작은 도전을 통해 모아 놓는 경험들이 언젠가 큰 도전의 때에 결정적이고 좋은 자원이 되어 준다**는 것입니다.

평상시에 꾸준히 작은 도전을 시도해 보시기 바랍니다.
평소에 안 쓰던 필기구를 한번 써 보거나, 직장에서 한 번도 들여다 볼 생각도 안 해 본 것을 한번 들춰보는 것도 좋은 시도입니다.^^

나의 답변

⑥ 무엇이 당신의 열정을 불러일으키나요?

뭔가를 하고 싶다는 의욕이 생길 때는 언제인가요? 불타는 관심과 호기심, 계속하고 싶다는 열정이 불타오를 때가 언제인가요? 이런 질문이 왠지 부담스럽게 느껴지는 사람도 있을 것입니다. 매일이 그냥 그렇고, 어쩌다 생기는 의욕도 사나흘이면 사그라들고… 열정적으로 뭔가를 한 기억도 까마득하게 느껴지는 사람은 특히 그럴 겁니다. 하지만 저는 여러분에게 당장 열정을 불러일으키라고 질문하는 것이 아닙니다. 무엇이 나의 열정을 불러일으키는지 한번 생각만 해 보라는 겁니다.

부담 느끼지 말고, 자책하지 말고, 남과 비교하지 말고, 오직 이제까지 살아온 나 자신의 경험들을 살펴봤을 때 내가 열정적으로 살았던, 또는 행동했던 때(아주 어린 시절도 괜찮습니다)는 언제였고, 무엇이 나의 열정을 불러일으켰는지 한번만 찬찬히 떠올려 보시기 바랍니다.

이제는 커리어회복탄력성(career resilience)

그것은 재미인가요? 호기심인가요? 돈이었습니까? 가족입니까? 함께하는 사람들이었습니까? 좋은 환경이었나요? 사람들로부터 인정받는 것입니까?

무엇인가요? 당신의 열정을 불러일으키는 것은?

어떤 일이든, 심지어 남들이 다 부러워하는, 돈과 시간이 충분해서 충분히 준비를 하고 떠나는 럭셔리 여행이라 할지라도 뜻하지 않은 역경과 위기를 겪을 수 있습니다. 그렇게 뜻하지 않은 역경과 위기가 왔을 때 나를 그 역경과 위기에서 견디게 해 주고, 생활의 중심을 잡게 해 주고, 그만두거나 도망가지 않게 해 주고, 지속적으로 노력하게 만들어 주는 것이 과연 무엇인지를 찾아보시기 바랍니다.

나의 열정을 불러일으키는 것이 무엇인지를 확실하게 안다는 것은 자동차에 기름이 다 떨어졌을 때 어디서 주유를 하고 재정비를 해야 하는지를 확실하게 안다는 것과 같습니다.^^

나의 답변

[KEY 3]
커리어역량개발 영역 트레이닝

커리어역량개발 영역의 트레이닝으로 두 가지 방법을 제시하려고 합니다.
첫째, 커리어역량을 개발하는 출발점인 능력자 관찰하기 훈련과
둘째, 커리어역량개발에 있어서 가장 중요한 시간 관리 훈련입니다.

"실력자가 되려면 어떻게 해야 할까?"

흔히들 자기 분야의 실력자, 능력자가 되어야 한다는 말을 많이 합니다. 자신의 커리어에 대해 많은 고민을 해온 여러분도 자신의 분야에서 모두에게 인정받는 실력자가 되고 싶다는 생각으로 이런저런 노력을 해 왔을 것입니다. 진정한 실력을 기르기 위해서는 1만 시간의 투자가 필요하다는 이야기는 너무나 유명한 사실입니다. 그러나 실제로 1만 시간을 실력을 기르기 위해 정말로 투자하는 사람은 매우 드뭅니다. 인터넷에서는 실력자가 우글우글한데 정작 우리 주변에선 내 눈으로 직접 뛰어난 실력자를 보기는 힘든 이유입니다. 자신의 커리어 영역에서 누구도 넘볼 수 없는 뛰어난 역량을 가지는 것은 말이 쉽지 실제로 이루어 내기는 정말 어려운 일입니다. 특히 새로운 영역에 뛰어들 때나 경력단절을 딛고 일어설 때는 어디서 어떻게 시작해야 할지도 막막할 것입니다.

저는 여기서 여러분에게 어려운 실천 방법을 제시하지 않습니다. 막막하고 막연한 시작점에서 아주 조금씩 실마리를 찾는 방법, 큰 힘을 들이지 않고도 역량을 키울 수 있는 효과적인 방법을 알려주려고 합니다. 천지개벽하듯 갑자기 역량이 생기거나 잠자고 있던 천재적인 실력이 봇물 터지듯 나오게 되는 마법의 방법을 알려주는 것이 아닙니다. 여러분이 서 있는 그 자리에서 당장 실천 가능하고 당장 시도해 볼 수 있는 방법들을 알려 주려고 합니다. 작은 변화에서 큰 성과를 낼 수 있는 방

법으로 작은 습관의 힘을 이야기했듯이 매일 매일의 작은 실천들이 차곡차곡 쌓일 때 진짜 역량이란 것을 쌓아 갈 수 있다고 확신합니다.

내가 선택한 이 커리어 분야에서 진정한 실력자가 되려면 어떻게 해야 할까요?

그 첫 시작점을 알려드리겠습니다.

CAREER RESILIENCE

"아무도 무시할 수 없는 실력으로 승부하라."

-커리어회복탄력성 카드 中-

3-1 능력자 관찰하기

"열정이 있다면 반드시 능력자가 나타난다."

자신이 선택한 커리어 분야에서 진정한 실력자가 되는 첫 시작점은 바로 능력자 관찰하기입니다. 제가 커리어역량개발 파트의 강의 때 꼭 소개하는 드라마가 있습니다. 〈밤비노〉라는 일본 드라마입니다. 이 드라마는 2007년 방영한 드라마로, 주인공인 밤비가 그 드라마의 주 무대인 이태리 식당 주방에서 어떻게 실력을 키워 나가는지를 실감나게 보여 주는 드라마입니다. 간단히 줄거리를 보자면, 작은 식당에서 일하는 밤비는 꽤나 실력이 있었고, 이를 알아본 식당 주인의 권유로 도시의 유명하고 큰 이태리 식당에 조수로 일하게 됩니다. 나름 실력 있다는 평을 받았던 터라 자신의 요리 실력에 자신 있었는데 막상 규모가 큰 주방에서 일을 해 보니 자신의 실력이 뛰어나지 않음을 절감하게 됩니다. 그는 하루하루 힘들게 보조요리사로서 실력을 키우기 위해 노력하는데, 그 과정 중 결정적 키포인트가 된 것이 바로 '직속 상사를 관찰하는 것'이었습니다. 물론 이 관찰도 스스로 생각해 낸 것이 아니라 너의 상사가 군더더기 없이 효율적으로 일하는 모습을 보라는 조언에 따른 것이었는데, 그 상사를 관찰하고 나서 밤비는 드디어 어떻게 하는 것이 효율적으로 제대로 일하는 것인지 결정적인 감을 잡습니다.

'능력자를 관찰하기' 진정한 실력자가 되는 시작점은 바로 이것입니다. 여러분이 일하게 되는 어떤 곳이라도 반드시 능력자가 있습니다. 같은 시간, 같은 환경, 비슷한 작업을 하는데 남들보다 더 훌륭한 성과를 올리는 사람이 반드시 있습니다. 바로 그 사람을 찾아서 잘 관찰해야 합니다. 혹시라도 내가 일하는 이곳에는 나보다 더 나아 보이는 사람이 한 명도 없다고 생각된다면 다른 곳에서라도 더 뛰어난 능력자와 만날 수 있는 방법을 다방면으로 찾아야 합니다. 그 능력자를 찾았다면 그 사람이 가지고 있는 남다른 역량을 관찰하십시오. 어떠한 지식을 가지고 있는지, 어떠한 기술을 쓰는지, 어떠한 태도로 일하는지 등을 주도면밀하게 관찰하고, 나와 어떤 지점에서 얼마만큼 차이가 있는지를 잘 정리해 보십시오. 그 차이가 바로 내가 지금부터 쌓아 가야 할 역량입니다. 물론 그 사람이 가지고 있는 역량이 전부 다 훌륭하고 본받아야 할 것만은 아닐 수 있습니다. 그 사람의 역량 중 관찰해서 배울 것은 배우고 영 아니다 싶은 것은 반면교사로 삼는 것도 좋은 방법입니다.

관찰한 것은 반드시 적어서 정리해야 합니다. 적어서 정리하면 우리는 좀 더 구체적이고 확실하게 역량을 파악할 수 있고, 어떻게 해야 나의 역량을 쌓아 갈 수 있을지 뚜렷하게 알 수 있습니다.

〈능력자 관찰기〉

✏️ 내가 뽑은 능력자는 _____ 입니다.

항목	기록할 것
지식	
기술	

항목	기록할 것
태도	
벤치마킹하고 싶은 것 또는 반면교사로 삼고 싶은 것	

CAREER RESILIENCE

"멘토의 중요한 역할은 우리가 올바르게 방향을 잡았다는 확신을 주는 것이다."

-커리어회복탄력성 카드 中-

3-2 시간 관리하기

"시간 관리는 절박하다면 저절로 된다."

시간 관리, 이 부분에서 저는 여러분에게 정말 효과가 확실하고 지속 가능한, 마법 같은 시간 관리 노하우를 전하고 싶은 마음을 과감하게(?) 내려놨습니다. 시간 관리의 방법들은 정말 다양하게 나와 있고 우리는 매번 그 많은 방법들 중 하나를 시작해 보지만 대부분 작심삼일이 되거나 길게 가야 몇 달 안에 용두사미가 되기 일쑤입니다. 시간 관리 노하우, 그 방법을 몰라서 시간 관리가 안 되는 것은 아닌 것입니다. 시간 관리 또한 다른 것과 마찬가지로 어떤 방법이 되었든지 **그 방법이 지속 가능한가** 하는 것이 관건입니다.

이 시점에서 솔직하게 고백하자면 이 "커리어회복탄력성 셀프 트레이닝 북"을 쓰기 시작하면서 가장 긴 시간을 헤맨 부분이 바로 이 시간 관리하기 파트입니다. 시간 관리에 가장 효과적인 방법을 어떤 것을 소개해야 할까, 이런 저런 자료에서 다양한 방법을 찾아보기도 하고 그 방법들 중 몇 가지를 나 자신에게 적용해 보기도 했습니다. 가장 효과가 확실하고, 쉽고, 그러면서도 저절로 지속 가능하게 되는 시간 관리 노하우를 찾기 위해 고군분투했지만 평범한 작심삼일 수준의 자기관리력과 지속력을 가진 필자로서는 참 힘든 과정이었습니다. 한참 동안은 도무지 진도가 나가지 않아 꽤 긴 시간 동안 마냥 원고를 덮어두기도 했습니다.

이런저런 고심 끝에 필자가 결론 내린 **시간 관리의 핵심은 시간 관리를 해서라도 이루고 싶은 목표가 뚜렷할 때, 진짜 내가 원하는 대로 제대로 살아보고 싶은 마음이 간절할 때 시간 관리는 저절로 이루어진다는 것**입니다.

여러분에게는 지금 꼭 이루고자 하는 절박한 목표나 일이 있나요? 어떤 것인가요? 자신이 처한 상황을 찬찬히 살펴봅시다.

'내가 꼭 이루고 싶은 목표는 무엇일까?' 또는 '꼭 이루어야 할 필요가 있는 목표, 꼭 해내야 하는 일은 무엇일까?' 이 질문을 스스로에게 던지고 내면에서 어떤 답이 올라오는지 찬찬히 정리해 보시기 바랍니다.

그리고 여기서 중요한 또 한 가지의 포인트는 이 질문에 답이 떠오를 때 나의 기분은 어떠한지를 잘 살펴보시기 바랍니다.

목표를 떠올리면 기분이 좋아지고 설렘이 함께 느껴지나요? 아니면 목표를 떠올림과 동시에 가슴이 답답해지고 뭔가 찌뿌둥한 기분이 드나요?

목표를 떠올릴 때 기분이 좋아지고 설렘이 느껴진다면 지금 당장 목표 달성을 위한 행동을 시작해도 됩니다. 이런 상태라면 시간 관리는 땅 짚고 헤엄치기란 생각이 들 만큼 쉬운 일이 됩니다. 저절로 시간을 아껴 쓰게 되고 하고자 하는 일에 몰입하게 되고 엄청난 성과를 내게 됩니다.

그러나 불행히도 우리 중 대부분은 설렘과 함께 답답함과 찌뿌둥한 기분을 동시에 느끼거나 설렘은커녕 답답함과 찌뿌둥한 기분에 압도당할 것 같은 기분이 훨씬 더 많이 듭니다. 그만큼 사람은 변화를 원하는 동시에 변화를 두려워하고 미루고 싶어 하는 존재들인 것입니다. 이런 경우에는 어떻게 해야 하느냐, 바로 나의 목표를 절박한 목표로 바꾸어 나 스스로에게 인식시키는 작업이 필요합니다.

지금의 목표를 달성하지 못했을 경우에 내가 어떤 기분일지, 어떤 실질적 손해를 볼 것인지, 어떤 상황에 처할 것인지를 생각해 보기 바랍니다. 목표를 달성했을 때를 떠올리며 그 기쁨과 환호성을 생생하게 재현하는 것보다 오히려 이 편이 더 강한 절박함을 끌어내는 데 효과적일 수 있습니다(저의 경우에는 분명히 그랬습니다). 어쩌면 사람에게는 성공하고 싶은 욕망보다 실패하고 싶지 않은 욕망이 더 클 수도 있다는 생각이 듭니다.

"타이머로 집중시간을 연결하라"

만약 여러분에게 신이 남은 수명 중에서 절반을 떼어 가고 대신에 돈을 준다고 한다면 여러분은 얼마를 받고 싶습니까? 돈보다는 남은 수명을 무탈하게 살게 해 달라고 하지 않을까요? 물론 사람마다 다르겠지만 시간이라는 것은 돈으로 환산할 수 없는 가치가 있습니다. 자기 혼자서는 시간 낭비를 계속하는 사람도 다른 사람의 실수나 잘못으로 자신의 시간을 손해 봤다고 생각하면 불같이 화를 내는 경우를 자주 봅니다. 아무리 많은 돈을 준다고 할지라도 하루 24시간을 48시간으로 늘려줄 수 있는 사람은 세상에 아무도 없습니다. 시간이 억만금으로도 살 수 없는 소중한 것이란 생각을 당연히 하면서도 정작 우리 스스로를 돌아봤을 때는 어떠한가요? 나는 시간 관리를 제대로 하고 있다고 당당히 이야기할 수 있는 사람은 의외로 별로 없습니다.

시간 관리에 관해서 수없이 많은 방법들이 끊임없이 나오고 있습니다. 깨어 있는 모든 시간을 기록하기, 특별한 다이어리 사용하기, 체크리스트 작성하기 등등 시간 관리에 관한 정말 다양한 각양각색의 시간 관리 기법들을 찾아보자면 정말 많은 사람들이 시간 관리를 위해 치열하게 노력하고 있구나 싶은 생각이 듭니다. 또 그만큼 시간 관리 싸움에서 수없이 패배하고 있구나 하는 생각도 듭니다.

필자도 여러 가지 시간 관리 방법을 시도했습니다. 가장 오랫동안 지속했던 방법은 하루의 할 일 리스트를 작성하여 동그라미, 가위표를 하며 체크하는 것이었고, 가장 최단시간 포기했던 방법은 깨어 있는 모든 시간의 스케줄을 기록하는 방식이었습니다. 강사로, 코치로, 엄마로, 아내로, 친구로, 다양한 역할을 끊임없이 감당해야 하는 필자로서는 하루의 모든 일과를 일일이 기록한다는 것이 더 큰 일이 되었기 때문입니다. 여러 가지로 시도하고 궁리해 보다가 최근 가장 확실한 효과를 봤고, 여러분에게도 권하고 싶은 방법이 생겼습니다. 이 방법은 특히 집중력이 약하고, 하루에 다양한 역할을 해내야 하는 사람에게 최적의 방법이라고 할 수 있습니다.

바로 **타이머를 이용하는 방법**입니다. 이 방법은 '포모도로 시간 관리법'에서 따온 것입니다. 포모도로 시간 관리법이란 포모도로란 착안자의 이름을 따서 만든 시간 관리법인데, 25분씩 타이머를 맞추어 놓고 온전히 집중하는 훈련을 말합니다. 25분 온전히 집중하고 타이머가 울리면 5분간 쉬었다가 다시 25분 타이머를 맞추고 다시 집중하는 것을 반복해 나가는 것입니다. 4시간 동안 이 방법을 사용한 후에는 1시간 정도를 길게 쉬어 주는 것이 좋다고 합니다.

이 방법을 처음부터 적용하는 것이 생각보다 쉽지 않습니다. 처음에는 집중하는 시간을 5분 정도로 맞추어 놓고 시작하는 것이 좋습니다. 5분을 집중하고 2분간 쉬기가 좋습니다. 5분이기 때문에 시작하기가 부담스럽지 않습니다. 처음 시작할 때는 2타임만 제대로 하는 것을 목표로 합니다. 5분 집중하고 2분 쉬었다가, 5분 집중하고 2분 쉬는 것입니다. 두 번째에는 4번 이상 이어가는 것을 시도해 봅니다. 세 번째에는 집중하는 시간을 7분으로 늘려 2회 이상 연속하는 것을 시도해 봅니다.

이 방법은 해야만 하는 일인데 왠지 시작하기가 어렵고 막막할 때 효과가 있습니다. 집중력이 흐트러지지 않고 25분을 유지할 수 있을 때까지 5분부터 시간을 늘려가는 것이 요령인데, 본인의 집중력 유지 시간과 집중하는 과제에 따라서 시간은 조정하는 것이 좋습니다. 필자의 경우 독서와 같이 재미가 있고 힘이 좀 덜 들어가는 과제에는 25분 이상의 시간을 잡아도 무리가 없었지만, 이렇게 글을 쓰거나 보고서를 쓸 때에는 15분을 집중하고 3분간 쉬어 주는 것이 가장 적합했습니다. 이때 중요한 것이 쉬는 시간에 절대 인터넷으로 들어가거나 핸드폰을 확인하지 않는 것입니다. 전화가 오거나 긴급한 일이 생길 때는 타이머를 잠시 멈추고 그 일을 처리한 후 다시 타이머를 작동시켜 집중시간을 연결해 갑니다.

이렇게 집중시간을 늘려서 집중력 훈련을 하는 것이 시간 관리에 있어서 어떤 효과가 있는 것일까 하는 의문이 드는 사람도 있을 것입니다.

시간 관리의 목표는 내 인생에 의미 있고 중요한 일들에 얼마만큼 집중하고 몰입하는가에 있습니다. 즉, 내 인생에서 의미 있는 시간을 늘려가는 것이 중요합니다.

여러분에게 남은 생이 1년이라고 합시다. 대부분의 사람들은 나의 생이 1년 후에 끝난다고 생각하면 나에게 가장 의미 있고 중요한 일에 온전히 매진하려고 할 것입니다. 그리고 틈틈이 이 지구가 얼마나 아름다운지 자연 속에서 온전히 있으면서 그 평온함과 생명력을 깊이 음미하려고 하겠지요. 여러분에게 가장 의미 있고 중요한 일은 무엇인지 생각해 보세요. 여러분에게 1년이라는 시간만이 남았다면 여러분은 어떤 일에 집중하고 몰입하겠습니까? 오늘 하루도 그 일에 가장 집중하고 몰입하려는 노력이 필요합니다. 시간의 길이는 사실 크게 중요하지 않습니다. **중요한 것은 집중력과 몰입의 강도**입니다. 여러 가지 이유로 짧은 시간만을 할당할 수밖에 없더라도 진정 그 일이 나에게 중요하고 의미 있다면 더 강한 집중력으로 몰입하도록 해야 합니다. 그리고 그것이 매일매일 지속되어야 합니다. 앞에서 작은 습관을 이야기할 때도 설명했지만 지속되지 않는 것은 열정이 아닙니다. 지속되지 않는 것은 그 효과가 미비합니다. 작은 습관으로 성공의 경험을 쌓아가듯이 시간 관리에 성공하기 위해서도 마찬가지입니다. **나에게 가장 의미 있고 중요한 일에 어떻게 해서든지 집중하고 몰입하는 시간을 가졌다는 것을 확인하는 것**이 필요합니다. 이 확인은 물론 매일 계속되어야 합니다.

매일 나에게 가장 의미 있고 중요한 일에 집중하고 몰입했다는 것을 확인하면서 자연스럽게 더 행복해지고, 내가 잘하고 있구나 하는 뿌듯한 마음이 커지고, 나의 시간 관리에 대한 자신감이 생겨나게 됩니다.

시간은 절대 돈으로 환산할 수 없는 소중한 자산입니다. 이 자산을 잘 관리할 수 있다면 당연히 내 인생의 성공과 행복은 따라오는 것이 아닐까요?

✏️ 다음의 표를 이용하여 여러분의 집중시간을 연결해 보세요.

집중과제		
타임	시간	체크
1		
2		
3		
4		
5		
6		
7		
8		
9		
10		
11		
12		
13		

📝 다음의 표를 이용하여 여러분의 집중시간을 연결해 보세요.

집중과제		
타임	시간	체크
1		
2		
3		
4		
5		
6		
7		
8		
9		
10		

CAREER RESILIENCE

"변화하려면 시간이 걸린다."

-커리어회복탄력성 카드 中-

3-3 커리어역량개발 영역 질문들

① 커리어 개발을 위하여 어떠한 훈련을 받을 생각인가요?

직장을 다니며 공부하는 사람들을 일컫는 '샐러던트(Saladent)'란 신조어가 있습니다. 샐러리맨(Salaryman)과 스튜던트(Student)를 합친 말입니다. 직장을 다니면서 자기개발을 위해 꾸준히 노력하는 사람들이 점점 많아지는 현상으로 생겨난 신조어입니다. 샐러던트가 증가하는 이유에 대해 전문가들은 **"장기불황과 실업난이 계속되면서 평생직장 개념이 점차로 사라지고 있다"**며 **"이에 따라 평생 직업을 찾기 위해 또는 치열한 경쟁사회에서 도태되지 않기 위해 지속적으로 자기계발을 하게 된다"**고 말합니다.

이에 따라 베스트셀러에는 자기계발서가 항상 상위권을 차지하고 있고 하루에도 수많은 자기계발서들이 출간되고 있습니다. 자기계발서의 전성시대라고 할 만합니다.

이처럼 요즘에는 자기계발능력의 중요성이 강조되고 있고, 자기계발능력이 부족한 직업인은 직장 생활에서도 어려움을 겪기도 합니다. 너무나 다양하고 많은 자기계발 방법들 중에서 어떤 것을 선택하고 실행해 볼지를 결정하는 것도 어려운 문제입니다.

직장인들은 무슨 일을 하든지 무턱대고 덤벼들기보다 먼저 그 일을 왜 하는지, 어떻게 할 것인지를 생각하고 결정하는 데 시간을 씁니다. 이러한 전략적 접근 방법은 커리어 개발에도 필요합니다. 직장인에게 있어서 커리어 개발을 위해 시간과 에너지를 쓴다는 것은 한정된 시간과 에너지를 얼마나 효과적으로 배치해서 얼마만큼 큰 성과를 내느냐 하는 문제이기 때문입니다.

여러분이 커리어 개발을 위해 어떠한 훈련을 선택한다면 이 훈련이 나의 커리어 개발에 얼마나 기여할 수 있을지, 소위 가성비를 따졌을 때 확실한 성과를 낼 수 있는지를 잘 따져 보시기 바랍니다.^^

나의 답변

② 당신의 커리어 분야에서 희소하고 가치 있는 기술은 무엇일까요?

우리는 남들 다 하는 것을, 남들이 내는 성과 수준만큼만 한다면 생각보다 정말 빠른 시간 안에 저도 모르게 도태되는 시대에 살고 있습니다.

이렇게도 주변 환경의 변화가 빠르고 과격하게 진행된 적이 있을까 싶은 생각도 들고 밀려오는 정보들과 새로운 기술들을 주워 담기도 바쁜데 그것들을 소화해서 내 실생활에 적용까지 하려니 나만 도태되고 뒤처지는 것 같은 기분이 들기도 합니다.

이럴 때일수록 내가 살아남는 방법은 남들이 안 하는 것을 찾아내는 것이 아닐까 싶습니다.

내가 속한 커리어 분야에서 희소하고 가치 있는 기술을 찾아내는 것은 나의 생존과 성장을 위해 필수적으로 갖추어야 할 것입니다.

어떤 것들이 있을까요? 내가 고객들을 상대하는 일을 한다면 남들이 안 찾는 고객층을 발굴하고 적극적으로 고객수요를 만드는 것도 좋을 것입니다.

내가 도구를 사용하는 일을 한다면 남들이 안 쓰는 도구를 써 본다거나, 남들은 안 하는 방식으로 일을 해 보는 것도 좋을 것입니다.

4차 산업혁명시대이니만큼 인공지능과 첨단기계기술을 도입해서 효율성을 높이는 것도 좋을 것입니다.

여기까지 읽으신 분이라면 속으로, '와 말이 쉽지… 그게 쉬운 일인가… 내가 생각하는 건 다른 사람들도 다 생각해 본 걸 텐데…'라는 생각이 들기도 할 겁니다.

실패는 성공의 어머니란 말이 있습니다. 한 번의 성공을 위해서는 무수히 많은 실패를 거쳐야 한다는 말입니다. 지금 당장, 몇 분 동안 잠깐 고심한 것으로 뭔가 섬광처럼 답이 나올 거라고 생각하는 것 자체가 말이 안 되는 욕심입니다.

하루에 하나씩을 매일 생각한다 해도 석 달 열흘은 생각에 생각을 거듭하고, 다양한 탐색과 시도가 있어야 최소한 하나라도 건질 만한 희소하고 가치 있는 기술을 찾을 수 있지 않을까요? 결과의 수준(질)이 높아지기 위해서는 일정량의 노력(양)이 필요합니다(임계질량의 법칙).

끊임없는 새로운 시도와 탐색만이 커리어 분야에서 당신을 살아남게 하고 성장하게 하는 결정적인 기술, 희소하고 가치 있는 기술을 찾게 할 것입니다.

하루에 하나씩, 또는 일주일에 하나씩이라도 적어도 3개월 이상은 기록하며 탐색하고 시도해 보시기 바랍니다. 정말 그렇게 한다면 당신은 반드시 찾을 수 있을 것입니다. 내가 속한 커리어 분야에서 희소하고 가치 있는 기술을!

나의 답변

③ 커리어 개발에 있어서 당신의 발전을 방해하는 걸림돌은 무엇인가요?

어떤 일을 하고자 할 때, 특히 그것이 나의 발전을 위한 것일 때 많은 사람들은 자신이 세운 계획을 실천하는 데 온 신경을 집중하게 됩니다.

예를 들어 공부를 열심히 해서 목표로 하는 시험에 합격하고 싶다고 한다면 매일 몇 시간 동안 공부하고, 어느 정도의 분량을 해치울지를 계획부터 세우고 오늘부터 시작~! 하고 실천에 돌입하려고 하는 식입니다.

그러나!!! 저는 여러분에게 그보다 좀 더 효과적이고 실질적인 방법을 하나 알려드리고 싶습니다.

바로 가장 큰 걸림돌이 무엇인지를 먼저 살펴보고 그 걸림돌부터 제거하는 것이 더 효과적이라는 것입니다.

공부를 열심히 하고 싶은 나에게 가장 큰 걸림돌이 자꾸 게임을 하자고 연락해 오는 친구들일 수도 있고, 습관처럼 잡히게 되는 술 약속일 수도 있고, 자꾸 정한 시간을 미루는 습관일 수도 있고, 집중해서 공부할 안정적인 장소가 없다는 문제일 수도 있습니다.

여러 가지 걸림돌 중에 가장 크고, 확실하고, 없애기 어려운 것을 하나 골라 확실하게 제거해 보십시오(연락해 오는 친구들을 제거(?)하기 위해 핸드폰 차단이라는 극단적인 방법을 써야 할 수도 있겠죠).

나의 목표 달성에 방해가 되는 걸림돌을 확실하게 제거하거나 수정하게 되면 목표 달성을 위한 실천이 훨씬 수월하고 효율적이게 됩니다.

나의 커리어 개발에 있어서 나의 발전을 방해하는 걸림돌은 무엇이 있을까요?

나 자신에 대한 의심? 자신감 부족? 정보 부족? 계획 부족? 실천력 부족? 자금 부족? 그것이 무엇이든지 가장 큰 것 하나를 골라 확실하게 손보는 것이 필요합니다.

그런데 자신감 부족 등의 문제는 걸림돌이라고 해서 한번에 제거가 거의 불가능한 항목입니다. 하루아침에 되는 것은 아닌 것입니다.

그래서 일단 커리어 개발을 위한 실천을 시작하는 것과 걸림돌 제거는 동시다발적으로 진행하기를 추천합니다.

꼭 기억해야 할 것은 걸림돌 제거가 확실하게 되지 않으면 유혹에 쉽게 넘어가고, 의욕이 떨어질 위험성이 커진다는 것입니다.

나의 답변

④ 현재의 커리어 분야 다음에 도전해 보고 싶은 분야는 어떤 분야인가요?

여러분이 일이란 걸 하고 있는 동안에는 항상! 다음을 생각하며 일을 하라고 이야기하고 싶습니다. 지금 하고 있는 일을 막 시작했을 수도 있습니다. 한참 열심히 몰입하고 있어서 아직은 한참 더 이 길을 가야겠다고 생각할지도 모릅니다. 아니면 정년이 보장되니 싫든 좋든 노년기 전까지는 이 일을 해야겠다고 마음먹고 있을 수도 있습니다.

그래도 **'사람 앞일은 모른다'**라는 걸 생각하시기 바랍니다. 지금 하고 있는 이 일 다음은 무엇이 될지… 조금씩이라도 생각하면서 지내시라는 말입니다.

어떤 분야의 달인들을 만나더라도 그들은 매우 높은 비율로 이렇게 이야기합니다.

예전에 지금 하고 있는 일을 지금처럼 하게 될지 몰랐다고… 예기치 않는 기회에, 또는 어쩔 수 없는 선택을 하다 보니 지금 이 자리에 이렇게 서 있게 되었다고 하는 달인들이 참으로 많습니다.

대부분의 달인들은 겸손하기에 지금 이 자리에 오게 된 것은 자신이 엄청나게 노력했다기보다는 운이 좋았던 거라고 말하지만 사실은 다른 사람들보다 월등히 노력하고 철저히 일하는 사람들이란 것을 우리는 알고 있습니다.

평소에 준비된 사람이었기에 우연히 찾아온 기회를 놓치지 않고 잡을 수 있지 않았을까요? 크롬볼츠의 '계획된 우연이론'이 바로 이러한 현상을 설명한 것입니다.

지금 여러분에게 당장, 다음에 도전해 보고 싶은 분야를 찾아서 뭐라도 해보라고까지 말하지는 않겠습니다. 다만, 한 개나 두 개 정도의 분야는 한번 떠올려 보는 것을 권합니다. 어떤 것이든 머리에서 떠올려 보는 것부터가 시작 아니겠습니까?

**머릿속에
떠오르는
다음 일**

⑤ 진정으로 하고 싶은 일은 무엇인가요?

커리어회복탄력성 카드 워크숍을 진행할 때 의외로 많은 사람들이 이 질문을 가장 어려운 질문이라고 뽑았습니다.

이런 질문을 스스로에게 해 본 적이 한 번도 없다는 사람도 있었고, 먹고사는 문제와 진정으로 하고 싶은 일이 부딪친다면 진정으로 하고 싶은 일을 선택하기는 불가능한 것 아니냐는 사람도 있었고, 하고 싶은 일을 하고 사는 사람이 얼마나 되냐며, 이런 질문을 하는 것은 사치라는 사람도 있었고, 진정으로 하고 싶은 일은 오직 럭셔리 해외여행뿐이라서 하는 수 없이 지금 생업에 매진한다는 사람도 있었습니다. 다양한 사람들의 반응을 보면서 참 많은 생각이 들었습니다.

진정으로 하고 싶다는 느낌은 어떤 것인지가 사람마다 다 다릅니다.

그러니 먼저 어떤 느낌이 들 때, 어떤 생각을 기준으로 진정으로 하고 싶다는 느낌인지를 떠올려 보십시오. 그리고 그 느낌과 생각에 걸맞은 일을 찾아보시기 바랍니다. 그렇습니다, 찾아봐야 합니다. 직접!!!

요즈음은 온라인으로 장을 보는 경우가 참 많아졌습니다.

온라인으로 장을 보면 할인쿠폰도 많아 할인도 많이 되고, 배달까지 해 주니 참 편리하지만 왠지 계속 사는 품목만 사게 되는 면도 있는 것 같습니다.

반대로 직접 마트나 시장에 나가서 오프라인으로 장을 보게 되면 다양한 물건들을 직접 보고 고르게 되니 장 보기 전에는 생각지도 못한 새로운 재료를 구입하게 되기도 하고 직접 보고 고르니 좀 더 품질이 나은 제품을 골라 사올 수 있어서 식탁이 좀 더 풍성해질 수도 있습니다. 직접 보고 골라서 장을 보는 것처럼 진정 하고 싶은 일도 직접 보고 골라보는 것이 좀 더 풍성하고 뜻밖의 좋은 계기가 되기도 합니다.

그냥, 가만히 제자리에 앉아서, 진정으로 하고 싶은 일을 떠올리기보다 **직접 현장을 누비며!!! 보고, 체험하고, 만나고, 느껴 보기**를 권합니다.

창업을 하고 싶다면 동네의 골목식당 창업자라도 만나서 이야기를 해 보거나 관심 있는 직업이 있다면 일하는 현장을 구경해 보는 것도 좋습니다. 그 직업의 종사자를 직접 만나서 잡(job) 인터뷰를 시도해 보는 것도 아주 좋습니다.

진정으로 하고 싶은 일은 가만히 있는 사람에게 저절로, 그냥 나타나지 않습니다.

이것저것 열심히 탐색하고 시도하다 보면 확실한 느낌으로 이거다! 싶은 일이 생길 것입니다.

나의 답변

⑥ **커리어 개발에 있어서 가장 중요한 것은 무엇일까요?**

이 질문에 정답이 있는 것은 아닙니다. 물론 다른 커리어회복탄력성 영역의 코칭질문들 모두가 다 마찬가지로 정답이 있는 것이 아닙니다.

한번 생각해 보시죠. 커리어 개발에 있어서 가장 중요한 것은 무엇일까요? 어떤 것들이 떠오르나요?

누구는 실력이라고 대답할 수도 있고 누구는 인맥이라고 대답할 수도 있고 누구는 끈기와 노력이라고 대답할 수도 있고 누구는 시대의 변화를 읽어내는 눈이라고 대답할 수도 있고 누구는 치밀한 전략과 계획을 수립하는 거라고 대답할 수도 있고 그리고 또 누구는 건강과 운이라고 대답할 수도 있을 것입니다.

앞서 이야기한 모든 것들이 다 중요하겠지만 저는 가장 원론적인 것을 이야기할까 합니다. 바로 **내 커리어를 계속 개발해 나가겠다는 마음**입니다.

일단 커리어는 돈 버는 활동, 직장생활 등만을 의미하지 않습니다. 커리어는 좀 더 넓은 광역의 개념입니다.

『커리어 코칭의 이론과 실제』라는 책에서 박윤희 교수가 정의한 커리어의 개념은 다음과 같습니다.

> "커리어(career)는 삶 전체의 과정이다.
> 커리어는 완성의 개념이 아니라 과정의 개념이다."
> -『커리어 코칭의 이론과 실제』 박윤희, 시그마프레스, 2015

커리어는 직업뿐만 아니라 경력, 이력, 활동, 직장, 진로, 생애의 의미로 해석할 수 있습니다. 즉 여러분이 이 사회에 속해서 삶을 살아가는 한 커리어를 계속 이어갈 수밖에 없다는 말입니다. 어차피 죽을 때까지 하는 것이니까…. 이왕이면 최대한으로 개발해 보자! 라는 마음을 가지길 바랍니다.

나의 답변

[KEY 4]
변화 수용 및 대처 영역 트레이닝

변화 수용 및 대처 영역의 트레이닝으로 두 가지 방법을 제시하려고 합니다.

첫째, 관심이 있는 것에 다양한 탐색을 시도하는 이미 하고 있기 훈련과

둘째, 매일을 창의적으로 적극적으로 보내고 변화에 대한 두려움 없이 살아가게 하는 어제와 다르게 살기 훈련입니다.

"스파게티 면 높이 쌓기" 게임이 알려주는 것은 무엇일까요?

얼마 전에 넷플릭스 〈100인 인간을 말하다〉라는 프로그램을 시청한 적이 있습니다. 다양한 실험을 통해 사람들의 속성을 파헤치는 프로그램이어서 참 재미있게 보았는데 그중에서 인상적인 실험이 하나 있었습니다.

바로 "스파게티 면 높이 쌓기" 실험이었습니다.

"스파게티 면 높이 쌓기" 게임은 일정한 개수의 스파게티 면과 한 개의 마시멜로, 일정한 길이의 테이프를 각 테이블별로 나누어 주고 주어진 시간에 주어진 재료로 최대한 높이 마시멜로를 꼭대기에 고정시키는 게임입니다.

한 집단(10개 팀으로 구성)에게는 가장 높이 쌓는 팀에게 400달러를 주겠다고 했고, 다른 집단(10개 팀으로 구성)에게는 그냥 최대한 높게 쌓아보라고만 주문했습니다.

400달러를 보상으로 내건 집단은 무시무시하게 진지하게, 집중해서, 최선을 다했지만 게임을 하는 내내 압박감과 초초감에 분위기가 무거웠고 스트레스가 쌓여가는 모습이었습니다.

그냥 최대한 높게만 쌓아보라고 주문한 집단은 그야말로 즐겁고 명랑하게 게임을 즐기는 모습이

었습니다.

그 결과는 놀랍게도 다음과 같습니다. (저만 놀랐나요?)

돈을 보상으로 건 집단은 총 10개 팀 중에 3개 팀만 스파게티 면을 제대로 세웠고 가장 높이 쌓은 팀은 53cm였습니다.

재미로 게임을 한 집단은 총 10개 팀 중에서 4개 팀이 스파게티 면을 제대로 세웠고 가장 높이 쌓은 팀이 64cm였습니다.

돈에 대한 압박감이 없었던 재미 집단이 더 게임을 즐길 수 있었고 더 성과가 높았던 것입니다.

이 실험에 대한 설명을 다니엘 핑크라는 유명한 심리학자는 다음과 같이 이야기했습니다.

돈을 보상으로 동기부여를 한다면 사람들의 시야는 좁아지고 압박감에 스트레스를 받게 되고 재미로 동기부여를 한다면 사람들의 시야는 좀 더 넓어지고 위험을 감수할 용기도 생기고 창의성을 발휘하게 된다는 것입니다.

종이봉투 붙이기 같은 단순한 작업이라면 돈을 보상으로 거는 것이 훨씬 더 효과적이라고 합니다. 왜냐하면 한 가지에 집중해서 하는 일이므로 시야를 좁히는 것이 더 유리하고, 창의적일 필요도 없고 새로운 시도로 위험을 감수할 필요도 없는 일일 테니까요. 하지만 "스파게티 면 높이 쌓기"는 정해진 방법이 있는 것이 아니고, 혼자서는 불가능한 팀플레이 게임이므로 의사소통능력도 중요합니다. 또한, 새로운 방식을 제안해도 실패할 확률이 높으므로 새로운 시도를 하려면 용기가 필요한 게임입니다.

앞으로 우리가 살아가야 할 4차 산업혁명 시대에 개척해야 할 직업의 성격과 일치하지 않습니까?

이 실험과정과 결과를 보고 우리가 직업을 선택할 때와 직업생활을 할 때 어떤 것으로 동기부여를 하는 것이 효과적일지 생각해 보았습니다.

내가 하는 일이 주어진 시간에 일정한 방식으로 더 많은 양을 해치우는 식의 일이라면 돈이 충분한 동기부여가 되겠지만, 내가 하는 일이 창의력과 의사소통능력, 협동심, 용기 등을 필요로 하는 일이라면 돈보다는 재미가 더 훌륭한 동기부여가 될 것입니다.

4차 산업혁명시대가 요구하는 직업이 어떤 역량을 더 요구하는지를 생각해 볼 때 이 게임의 시사하는 바가 큰 것 같습니다.

'세상에서 가장 두려운 것은 낯선 것이다'란 말이 있습니다. 이제까지 살아보지 못했던 새로운 세상, 새로운 변화의 물결이 너무나 낯선 것이기에 나는 어떻게 적응하고 대처해 나갈 것인가가 참으로 두렵고 어렵게 느껴지기도 합니다. 하지만 이것을 나만 겪는 것이 아니란 것에 일단 위안을 삼고, 이제까지 이 지구별에 살았던 수많은 사람들은 다 자신이 살던 시대의 온갖 역경과 위기와 변화를 몸소 겪으며 나름대로 잘 성장해 왔다는 것을 기억하면 좋겠습니다.

이 글을 쓰고 있는 지금은 코로나19로 인해 우리는 또 다른 전 지구적인 위기와 역경을 함께 겪고 있습니다. 이 전염병으로 앞으로 세계가 어떻게 될 것인지, 그 영향력이 얼마만큼인지 가늠하기도 힘들 만큼 많은 변화가 일어날 거라고 예상됩니다.

이러한 시기에 과연, 어떠한 대처가 효과적인 전략이 될 수 있을까요?

CAREER RESILIENCE

"불안함 속에 변화가 숨어 있다."

-커리어회복탄력성 카드 中-

4-1 이미 하고 있기

> "진정으로 하고 싶은 일이라면 이미 하고 있어야 한다."
>
> -로드트립네이션, 『로드맵』 中-

　변화 수용 및 대처 영역의 첫 번째 훈련은 '이미 하고 있기'입니다. 이것이 어떤 훈련인지는 위의 구절에서 한마디로 설명하고 있습니다.

　내가 진정으로 하고 싶은 일이라면, 이미 그 일을 어떤 방식으로든 조금이라도 하고 있어야 한다는 것입니다. 설사 여러 사정으로 그 일을 실제로 하기에 여의치 않다면 그 일에 관한 자료라도 열심히 모으고 있거나, 그 일과 관련된 사람들을 만나고 있거나, 어떤 형식으로라도 시도해 본다는 식의 자세를 갖추고 있어야 한다는 말입니다. 어떤 방식으로든 조금이라도 이미 하고 있지 않다면 그 일이 진정으로 하고 싶은 일인지를 스스로에게 솔직하게 물어봐야 합니다.

　지금 당장 감당해야 할 일이 싫어서 다른 멋져 보이고 폼 나게 보이는 것을 막연히 선망하고 있는 것은 아닌지 말입니다. 쉬는 시간 내지는 여가 시간에 내가 주로 하고 있는 일이 무엇인지를 살펴본다면 나의 주된 관심사가 무엇인지를 파악할 수 있습니다. 평소에 시간 날 때마다 내가 하는 일이 내가 진정으로 하고 싶은 일과 과연 얼마나 겹쳐지는지 냉철히 따져 봅시다.

　예를 들어 내가 현재 일반 기업의 사무직이라고 합시다. 그런데 내가 진정으로 하고 싶은 일은 배우로서 연극이나 영화에 출연해서 연기를 하는 것입니다. 내가 현재 깨어 있는 대부분의 시간을 회사 업무로 다 쓰고 있는 형편인데… 전혀 연관이 없는 '연기'라는 것을 할 수가 있을까… 이런 생각을 하다 보면 막막할 수도 있습니다.

　그러나 주변을 둘러보면 내가 정말 좋아하고 진정으로 하고 싶은 일이라면 얼마든지 할 수 있다는 것을 알 수 있습니다.

　직장 내에 아마추어 극단동호회에 가입하거나, 극단동호회가 없다면 내가 창단해서 '연기'를 할 수도 있고, 직접 '연기'를 하는 것이 여건상 어렵다면 배우들의 연기를 분석하고 정리한 글을 블로그에 꾸준히 올리는 것도 한 방법입니다. 이렇게 자기가 하고 싶은 일과 관련해서 뭐라도 하고 있으면 뜻밖의 기회가 올 수도 있고, 여기서 더 나아가 또 다른 재능과 커리어를 찾을 수도 있습니다.

여기서 여러분은 이 '이미 하고 있기' 훈련이 왜 변화 수용 및 대처 영역의 훈련인지 의문을 가질 것 같습니다. 그 이유를 말씀 드리겠습니다.

3차 산업혁명시대까지 우리가 살아가는 방식은 도착지점이 명확한 달리기 경기와 같은 방식이었습니다. 이 경기는 누가 가장 먼저 효율적으로 다른 사람들보다 더 빨리, 다른 사람들을 제치고 도착하느냐, 몇 등을 했느냐가 중요했습니다. 하지만 지금부터 우리가 살아갈 4차 산업혁명 시대는 도착지점이 다 제각각인 경기입니다. 누가 1등이고 누가 꼴등인지가 중요하지 않습니다. 각자의 도착지점이 다 다를뿐더러 경기 방식도 다 다릅니다. 따라서 남과의 비교가 의미 없어지게 됩니다. 즉 다른 사람과의 경쟁이 아닌 바로 나 자신과의 승부가 중요해지는 것입니다.

모든 사람들이 모두 자신만의 경기를 펼칠 수 있고, 그 경기는 남들보다 빨리 도착해야 승리하는 방식이 아니고 자신만의 방식으로, 나 자신이 만족해야 진정으로 승리할 수 있는 방식인 것입니다. 이런 식으로 경기 방식이 바뀌었을 때는 남들 다 하는 방식으로 일하고, 남들이 정한 기준을 따르는 것은 점점 더 의미가 없어집니다. 중요한 것은 바로 '나'가 됩니다. 내가 원하는 것이 무엇인지, 내가 하고자 하는 것이 무엇인지, 내가 관심을 갖고 흥미를 갖는 것이 무엇인지, 내 목표가 무엇인지 등이 더 중요한 기준이 되는 것입니다.

그래서 내가 어떤 것에 관심을 갖는지, 흥미를 느끼는지, 즐거움을 갖는지를 잘 살펴봐야 합니다. 그리고 그 뭔가가 생긴다면 적극적으로 꾸준히 도전해야 합니다.

그래서 많은 커리어전문가들이 이구동성으로 권유하고 있는 커리어탐색 방식이 바로 '작은 도전 전략'인 것입니다. 현재 하고 있는 일에서, 또는 전혀 관련 없는 분야라도 내 관심사나 흥미에 따라 뭐든지 시도해 보는 것입니다. 그 작은 시도가 뜻밖의 기회를 만들기도 하고 또는 생각지도 못한 연결고리가 되기도 합니다.

일단 여러분의 관심사, 흥밋거리들을 모두 적어 보기를 권유합니다. 머리에 떠올려지는 대로, 가슴 설레는 것이라면 어떤 것이든 좋습니다. 이것이 나에게 도움이 되는지, 현실적으로 가능한지 돈이 되는지 등은 따지지 말고 일단 다 적어 보시기 바랍니다.

이렇게 이야기하면 어떤 사람들은 관심사와 흥밋거리들이 너무 많아서 이걸 어떻게 다 도전하느냐, 현실적으로 이 리스트의 모든 것을 다 할 수는 없지 않느냐 라고 합니다. 또 어떤 사람들은 내가 관심 있는 것은 죄다 여행, 맛집 탐방, 쇼핑 등으로 돈과 시간이 있어야 해결되는 것들뿐이라 '작은 도전 전략'이 맞지 않다고도 합니다. 또 어떤 사람들은 도무지 적을 것이 없다, 라고 하며 몇 개 적기도 힘들어합니다.

첫 번째 관심사와 흥밋거리가 너무 많은 그룹에게는 그 리스트의 사소한 작은 것이라도 하나도 빠짐없이, 전부 다, 똑같이 존중하는 마음으로 도전해 보라고 하겠습니다. 이러한 방식은 『가슴 두근거리는 삶을 살아라』라는 책에서 주장하는 방식입니다. 그 책의 저자 마이크 맥매너스는 가슴 설레이는 일을 모두 리스트에 적어 놓고 그 모든 일을 동시에 실행해야 한다는 '동시 실행의 법칙'을 이야기합니다.

적어 놓은 리스트에서 우선순위를 결정하고 먼저 우선적으로 실행하는 등의 순서를 정할 수는 있지만 아무리 작고 사소한 것이라도 그 리스트에 적은 것을 삭제하거나 소홀히 여겨서는 안 된다는 것입니다. 그렇게 해야 하는 이유는 아무리 작은 부분이라도 소홀히 여기거나 무시하면 그것이 옥에 티가 되어 우리의 내면에 잠재력을 해치는 결과를 가져오게 된다고 합니다. 또한 마이크 맥매너스는 멋진 만남과 일이 꼬리에 꼬리를 물고 이어지는 상승효과는 리스트에 적은 모든 일을 동시에 실행한 다음에만 나타난다고 강조하고 있습니다.

우리는 일단 우리의 리스트를 적는 작업부터 시작합니다. 가장 하고 싶고, 내 마음을 설레게 하고, 이상하게 관심이 가고 더 파헤쳐보고 싶은 분야가 있다면 일단 적어 보시기 바랍니다.

두 번째 놀고먹고 쇼핑하는 일 외에는 도무지 아무런 관심도, 흥미도 없다는 그룹에게 하고 싶은 이야기는 그래도 괜찮다는 것입니다. 지금 당신이 그런 상태인 이유는 많이 지쳐 있기 때문이고 안팎의 무리한 요구로 인해 부담이 가득한 상태이기 때문입니다. 당신이 할 수 있는 한 쉬고, 놀고, 맛있는 것 먹고, 갖고 싶은 것을 갖도록 최대한 자신을 우선적으로 잘 보살피기 바랍니다. 그 욕구들은 억지로 억누른다고 해서 없어지지 않을 겁니다. 내가 지금 피곤하고 지친 상태라는 것을 나 자신이 먼저 충분히 알아주고 보살펴 주고 내가 할 수 있는 한 최대한으로 그 욕구를 존중하고 채워 주려고 노력하다 보면 어느 순간 자연스럽게 다른 것들이 눈에 들어오고 마음이 움직이는 것이 느껴질 때가 옵니다. 그때 다시 시작하면 됩니다. 중요한 것은 내가 나를 보살필 수 있고 먼저 존중해 주어야 한다는 것입니다.

여기서 주의해야 할 점은 나쁜 버릇이나 중독 증상과 같은 것과 순수한 열정을 우선 구분하라는 것입니다. 예를 들어 하루 종일 게임만 하는 것, 하루 종일 단것만 찾아 먹는 것, 끊임없이 쇼핑을 하고 택배 상자들이 산처럼 쌓이는 등의 경우에는 그것을 좋아서 한다기보다는 심리적인 문제가 있다고 봐야 합니다. 내가 어떤 경우인지는 스스로를 잘 살펴보기 바랍니다.

세 번째 나는 정말 적을 것이 별로 없다고 말하는 그룹에게는 <mark>하루에 하나씩, 또는 일주일에 하나씩만 적고 시도해 보라</mark>고 이야기하고 싶습니다. 아마도 당신은 이미 충분히 자신의 꿈을 실현하고 살고 있는 사람이거나 또는 반대로 삶의 많은 것을 체념하고 있는 사람일 겁니다. 지금 당장 수십 개의 리스트를 적을 필요는 없습니다. 지금 당장 생각나는 것 하나만 적고, 그것과 관련된 작은 도전과 시도를 해 본 후에 또 하나를 적는 식으로 해 나가는 것도 좋은 방법입니다. 그렇게 릴레이식으로 해 나가다 보면 어느 순간에 봇물 터지듯 많은 것들에 호기심과 흥미, 관심사가 생겨서 생동감 있게 움직이는 자기 자신을 발견하게 될 것입니다.

<mark>나의 관심사에 대한 다양한 탐색과 실행은 나의 삶을 생기 있고 보람되게 하는 가장 확실한 방법</mark>입니다. 명심하십시오. 당신의 관심과 흥미를 끄는 일이라고 말할 수 있으려면 그것은 이미 하고 있는 것이어야 합니다.

📝 저자의 흥미, 관심사, 꿈의 리스트

1. 삼림욕하기
2. 패러글라이딩 타기
3. 로맨스 소설 읽기
4. 명상하기
5. 맛있는 음식 사 먹기
6. 아름다운 생화 꽃꽂이
7. 잡동사니 버리기
8. 온천 사우나 하기
9. 베스트셀러 저자 되기
10. 5킬로그램 감량
11. 피부 마사지 받기
12. 모든 대사증후군 수치가 정상화되기
13. 인기 블로그 만들기
14. 뉴질랜드 여행
15. 시골 작은 집 갖기
16. 인기 강사 되기 등등등

(이 리스트에서 책이 출간된 지금은 절반 이상 이루어졌습니다.)

✏️ 나의 흥미, 관심사, 꿈의 리스트

1.
2.
3.
4.
5.
6.
7.
8.
9.
10.

CAREER RESILIENCE

" 우리는 실행을 통해서 배운다. "

-커리어회복탄력성 카드 中-

4-2 어제와 다르게 살기

"매일을 새롭게 창조한다."

변화 수용 및 대처 영역의 두 번째 훈련 방법은 '어제와 다르게 살기'입니다. 어제와 다르게 산다는 것은 앞의 '이미 하고 있기'와 같은 맥락으로 자신의 흥미, 관심사, 꿈을 매일매일 작게라도 시도하며 어제와는 다른 오늘을 사는 것을 말합니다. 밀려오는 변화의 물결에 속절없이 휩쓸려 끌려다니기보다는 내가 먼저 내 삶에서 작은 변화를 주도하고 만들어 가는 삶을 사는 것이 변화 수용 및 대처 역량을 키우는 가장 확실한 방법이라는 생각에서 이 훈련을 제안합니다.

여기서의 핵심도 앞에서와 마찬가지로 '작은 변화'입니다. 저는 이 책에 어디서도 생활의 일대 변혁을 꾀하거나 180도 변해야 한다고 주장하지 않습니다. 그런 식으로는 단기적인 효과일 뿐 도로 제자리라는 것을 저 자신의 무수한 경험으로도 뼈저리게 알기 때문입니다. 대신에 앞의 성취추구 영역에서 설명했듯이 작은 한 걸음 한 걸음으로 나아가라고 말하고 싶습니다. 변명하지 말고 일단 시작하기 바랍니다. 오늘 하루에 할 수 있는 일을 작은 단위로 세분화하여 일단 시도해 보는 겁니다.

'어제와 다르게 살기' 훈련은 매일 일정한 방식으로 수행하는 것이 있다면 오늘은 조금이라도 그것에 변화를 주어 보는 것입니다. 매일 똑같은 시간에 똑같은 노선으로 퇴근해 왔다면 오늘은 어제와 다르게 다른 시간에 출발하고 다른 노선으로 퇴근해 보는 겁니다. 매일 같은 패턴의 업무라면 오늘은 내 책임하에 있는 부분을 다른 방식으로 수행해 보는 것도 좋습니다. 이제까지 시도해 보지 않았던 음식을 시켜 먹어 보거나, 한 번도 선택해 보지 않은 디자인과 색상의 옷을 입어 본다거나… 등등 어제와 다르게 오늘을 살아 볼 수 있는 방법은 무궁무진합니다.

그런데 주의할 것은 이미 우리는 매일매일 똑같은 음식을 먹는 경우도 별로 없고, 매일매일 똑같은 옷을 입는 경우도 별로 없습니다. 따라서 매일 다른 음식을 먹고, 매일 다른 옷을 입으면 되는 건가 하는 식으로 손쉽게 요령을 피우는 것은 안 됩니다. 음식과 옷을 바꾸는 손쉬운 방법보다는 평상시에 익숙하게 하던 방식을 잘 안 하던 방식으로 바꾸거나 새로운 방식으로 시도해 보는 것이어야 합니다. 매일 밤 잠자리에 들기 전에 오늘은 어제와 어떻게 다르게 살았는지를 되돌아보면서 내일은 어떤 한 가지를 다르게 살지를 결정하는 시간을 가져 보십시오. 저의 경우에는 한 번도 읽어 보지 않았던 책을 한 권 읽어 본다든가(결국 끝까지 읽지는 못했지만…), 처음 해 보는 요리에 도전해 본다든가(가족들의 원성으로 많이는 못 했습니다), 자주 가던 도서관이 아니라 다른 지역의 도서관에 가 본다든가(서울시립 도서관은 모두 연결되어 있다는 사실!) 등을 시도해 보았습니다. 그리고 매일 그 한 가지를 도전할 때의 느낌, 그리고 그 결과를 일기에 적는 작업을 했습니다. 매일 어제와 다른 작은 도전을 시도해 보니 일단 매일매일이 심심하지 않아서 좋았습니다. 그리고 내가 일구어내는 작은 변화가 뜻밖의 정보를 주는 경우가 점점 많아지고, 삶의 활력이 되니 내 안에 자신감과 활력이 조금씩 생겨나는 것을 느꼈습니다. 예전에는 두렵고 싫다는 느낌, 어렵다는 느낌, 내가 잘 조율할 수 없을 것 같아서… 등등의 이유로 막연히 거리를 두었던 여러 가지 것들이 좀 더 만만해 보이고 시도해 봐도 좋을 것같이 느껴지고 시도할 용기가 생겼습니다.

다음의 표를 채워 나가면서 매일매일 어제와 다르게 사는 연습을 해 보시기 바랍니다.

매일매일 어제와 다르게 사는 연습을 통해서 변화의 물결에 휩쓸리는 사람이 아닌 변화를 만들고 변화를 주도하는 주도자가 되십시오. 변화의 주도자가 된다면 더 이상 변화가 두렵지 않을 것입니다. 매일매일 어제와 다르게 사는 연습을 통해서 변화를 수용하고 대처하는 탄탄한 내공을 확실하게 키우기 바랍니다.

◈ 어제와 다르게 살기

날짜	어제와 다르게 산 것	도전하는 과정에서 느낀 것	도전 후 느낀 것
월 일			
월 일			
월 일			
월 일			
월 일			
월 일			

날짜	어제와 다르게 산 것	도전하는 과정에서 느낀 것	도전 후 느낀 것
월 일			
월 일			
월 일			
월 일			
월 일			

CAREER RESILIENCE

"새로운 것을 시작하자."

-커리어회복탄력성 카드 中-

4-3 변화 수용 및 대처 영역 질문들

① 당신이 속한 커리어 분야는 어떤 변화가 예상되나요?

앞으로 20년 안에 47%의 직업이 사라질 거라는 무시무시한 예언이 우리를 뒤덮은 지도 몇 년이 지났습니다(옥스퍼스대 칼 베네딕트 프레이·마이클 오스만, 〈고용의 미래〉, 2013).

가게마다 키오스크가 생기고 해마다 신기한 기능을 자랑하는 핸드폰과 가전제품들이 생겨나고 인터넷 세상이 점점 큰 영향력을 발휘하는 등 세상은 정말 빠르게 변화하고 있는 듯합니다.

여러분이 일하는 분야는 어떻습니까? 4차 산업혁명과 인구구조의 변화의 여파가 여실히 느껴지는 분야가 있고 그 변화를 잘 느끼지 못하는 분야도 있을 것입니다.

다만 확실한 것은 그 변화의 물결에 영향을 좀 덜 받거나 더 받는다의 차이는 있을지라도 그 변화의 물결에서 제외될 수 있는 커리어 영역은 없을 것이고 시간이 갈수록 그 물결은 점점 더 커질 거라는 것입니다.

내가 일하고 있는 분야에 따라서 기술이 크게 변화하는 분야도 있고 문화가 크게 변화하는 분야도 있고 시스템이 크게 변화하는 분야도 있을 수 있습니다.

잘 관찰해 보시기 바랍니다. 이제는 눈을 뜨고 변화의 양상을, 그 흐름을 짚어내고 변화를 따라가기보다 먼저 변화의 주체가 되는 것이 중요한 시대입니다.

변화를 알아차리는 시각을 갖는 것, 그 감각을 가지고 있으려면 무엇보다 하던 대로 하는 관성에 젖어서는 안 되겠다는 생각이 듭니다.

나날이 더욱 새로워진다는 "일신우일신(日新又日新)"을 기억합시다.

나의 답변

② 새로운 업무방식과 새로운 기술들을 어떻게 습득하고 있나요?

앞에서 변화 수용 및 대처 영역의 '질문 1(당신이 속한 커리어 분야는 어떤 변화가 예상되나요?)'이 여러분이 속한 커리어 분야에서의 변화를 잘 관찰하고 짚어내라는 것을 일깨우는 질문이었다면, 이번 변화 수용 및 대처 영역 '질문 2'는 <u>그렇게 관찰하고 포착해 낸 새로운 것들을 여러분의 생활에 녹여내기 위한 노력은 무엇인가</u>를 묻는 질문입니다.

질문 1의 첫 출발이 자신이 있는 자리에서 눈 크게 뜨고 관찰하는 것이듯 질문 2의 첫 출발도 거창하지 않게, 작은 것에서 출발하라고 이야기하고 싶습니다.

하루에 10분만 투자해서 실행할 수 있는 작은 시도부터 시작하면 어떨까요?

'하루에 10분이라… 그 짧은 시간에 할 수 있는 것이 뭐 하나 제대로 있겠어'라고 생각할 수도 있지만 10분은 의외로 제법 긴 시간일 수도 있습니다.

새로운 정보와 기술을 좀 더 탐색하고, 실험하고, 실행해 보고, 또 다른 것들을 검색해서 찾아내고, 찾아낸 정보를 읽어 보는 등등….

그러다가 이거다 싶은 좋은 것이 있다면 그때에는 1시간을 투자해 보거나 더 나아가 하루를 투자해 볼 수도 있고, 아니면 일주일에 몇 시간을 정해 놓고 꾸준히 투자할 수도 있을 것입니다.

새로운 업무 방식과 새로운 기술을 위해 지금 다니는 직장을 그만두라는 것도 아니고, 새로운 학위를 취득하거나, 직업훈련 1년 과정을 당장 시작하라는 것도 아닙니다. 다만, 하루에 10분 정도만 투자해 보라는 것입니다.

<u>적은 시간이라도 꾸준히 노력한다면 언젠가는 폭발적으로 변화가 오는 임계점을 돌파하게 될 것</u>입니다.

나의 답변

③ 새로운 일에 뛰어들 때 당신의 원칙은 무엇인가요?

새로운 일에 뛰어들 때 어떤 원칙이 있으신가요? '어… 그런 거 생각해 본 적 없는데…' 싶은 생각이 드는 분도 계시겠죠? 저 또한 이 질문을 읽고 한참을 생각에 생각을 거듭했지만 별다른 답이 떠오르지 않았습니다.

새로운 일에 뛰어들 때 내가 지키고자 했던 원칙이 있었던가?

새로운 일이라는 흥분과 설렘에, 새롭게 다가오는 것에 잘할 수 있을까 하는 조바심에 정신없이 뛰어들기 바빴지 않나 싶은 생각이 듭니다.

모든 것이 새롭기만 했던 젊은 시절이 지나가고, 세상의 이모저모가 약간은 보이는 시점에 다다르니 이제 새로운 일에 뛰어드는 일 자체가 점점 줄어드는 것 같습니다. 하지만 여전히 우리를 둘러싼 환경은 정신없이 급변하고 있고, 끊임없이 이 변화에 적응하고 나아가라고 요구하고 있습니다.

필자 나름대로의 원칙은 이렇습니다. 내 안의 느낌에 따르자!!!

새로운 일에 뛰어들 때, 지금 무엇을 느끼는지, 무엇을 실감하고 있는지 나의 가슴의 느낌을 먼저 살펴보려고 하고 있습니다.

가슴의 느낌이 설렘과 편안함, 따뜻함이 있다면 과감히 나를 던져 뛰어들어 보는 것이고, 가슴의 느낌이 왠지 답답하고 불편하고, 차갑게 느껴진다면 일단 정지하고 봅니다.

아직 가슴의 느낌을 느낀다는 것에 서툴기도 하고 아리송하기만 할 때도 많지만 온갖 데이터를 분석해 보고 시뮬레이션을 돌려 봐도 어차피 직접 겪는 현장은 또 다르고, 어제와도 또 다르기 일쑤입니다.

어차피 이 세상에서 내가 제일 믿을 만한 사람은 그나마 바로 나 자신이라는 배짱으로 일단 저의 느낌을 무시하지 않고 잘 살펴보려고 합니다.

물론 그 느낌이라는 것이 신체적인 반응과 혼동이 되어 컨디션에 따라 둘쭉날쭉거리기는 해도 시간을 충분히 들이면 반드시 분명한 메시지를 전해 주는 경우가 많았습니다.

여러분도 이 기회에 새로운 일에 뛰어들 때 어떤 원칙을 갖고 있는지 생각해 보시기 바랍니다. 원칙이라고 할 만한 것이 없다면 어떤 패턴으로 주로 새로운 일에 뛰어들어 왔는지도 살펴보면 좋겠습니다. 당신에게 변화는 늘 어떤 식으로 오던가요?

나의 답변

④ 커리어 분야에서 회피하고 있거나 거부하고 있는 것들은 무엇인가요?

내가 속한 커리어 분야에서 해야 하는데, 하면 좋은데, 왠지 힘들고 어렵게 느껴져서, 또는 게을러서, 또는 도무지 시간이 나지 않아서 회피하고 있거나 거부하고 있는 것들은 무엇인지 생각해 봅시다.

누군가에게는 자신의 분야에서 새로운 기술이 도입되어 새 기술을 익히는 것이, 누군가에게는 조직체계를 바뀌어 적응해야 하는 것이, 누군가에게는 새로운 분야를 개척해야 하는 것이, 바로 회피하고 있거나 거부하고 있는 것일 수 있습니다.

누구나 조금씩은 자신이 속한 커리어 분야에서 거부하고 있거나 회피하고 있는 것들이 있을 수 있습니다. 중요한 것은 그 거부와 회피의 이유를 찾고 원인을 분석할 수 있어야 한다는 것입니다. 그 이유와 원인을 찾고 분석하는 태도를 놓치면 자신도 의식하지 못하는 사이에 거대한 뒤통수를 맞게 되지 않을까요?

일이라는 것을 할 때에는 잘하는 일, 하고 싶은 열정이 샘솟는 일에 몰입하는 것도 중요하지만 하기 싫은 일, 마냥 미루게 되는 일, 버겁게 느껴지는 일들을 어떻게 처리하느냐도 정말 중요합니다. 하기 싫은 일, 마냥 미루게 되는 일, 버겁게 느껴지는 일들을 다르게 처리할 수 있는 방법은 무엇인지, 위임은 가능한지, 효율적으로 처리할 수 있도록 활용 가능한 자원은 무엇인지 등등을 잘 생각해 보면 좋겠습니다.

나의 답변

⑤ 지금 대처하고 있는 것은 무엇인가요?

코로나19로 어수선하고, 경제 대공황이 온다는 등의 비관적인 전망이 우세한 요즈음 여러분은 지금 어떻게 대처하고 있나요? 마치 거대한 파도가 마구 몰아치는 바다 한가운데에 떠 있는 것처럼 느껴지고, 이런 상황에서는 속절없이 파도를 맞을 수밖에 없다는 생각이 먼저 드나요?

그 사람이 어떤 사람인지를 제대로 알 수 있는 것은 고난과 역경을 어떻게 겪어내는지를 보면 알 수 있다는 생각이 듭니다. 나란 사람이 어느 정도의 내공을 지닌 사람인지는 고난과 역경 속에서 내가 어떻게 지내고 있는지를 살펴보면 알 수 있을 것입니다.

이번 코로나19 사태(전무후무한 고난과 역경 아닙니까?)를 생각해 보면 저의 경우에는 첫째, 강제로 주어진 자유 시간을 어떻게 관리하느냐가 가장 큰 관건입니다. 두 번째는 일이 없으니, 수입도 없고 경제적 위기를 어떻게 타개해 나갈지 여러모로 고민입니다.

강제로 주어진 자유 시간을 보내며 확실히 느낀 것은 물리적 시간이 많다고 몰입의 시간이 자동적으로 늘어나지는 않는다는 것이고, 집에만 있고 몸을 많이 쓰지 않으니 근육은 빠지고 살만 찐다는 것입니다. 경제적인 문제는 자영업자들처럼 매달 월세나 나가는 돈이 있는 게 아니니 그나마 다행이고 감사한 일이라고 생각하고 있지만 이 사태가 장기화되었을 때 어떻게 대처해야 할지 정말 고민입니다.

지금 대처하고 있는 것이 무엇인지를 묻는 질문이 변화 수용 및 대처 영역의 질문이라는 것이 의미심장합니다. 변화와 성장은 가만히 웅크리고 있어서는 절대 안 되고 뭔가 구체적으로, 실질적 행동으로, 진짜 대처하고 있어야 한다는 것을 꼭 기억합시다!

나의 답변

⑥ 그 위험을 감내한다면 당신이 얻는 것과 잃는 것은 무엇인가요?

위험을 감수하지 않고 산다면 결국 얻는 것도 없고, 잃는 것도 없는 삶이 될 것입니다. 얻는 것도 없고 잃는 것도 없으니 편안하고 만족스러운 삶이라고 할 수 있을까요? 죽음을 앞둔 사람들이 가장 많이 후회하는 것 중에 하나가 많이 얻지 못한 것도 많이 잃은 것도 아니고, 하고 싶었으나 이런저런 이유로 결국 하지 못했던 일들이라고 합니다. 실패는 성공의 어머니란 속담을 떠올려 보더라도 실패의 위험을 감수하는 것이 가만히 있는 것보다는 훨씬 더 현명한 선택임을 알 수 있습니다.

일단 내가 지금 새롭게 도전하고자 하는 것에서 가장 큰 위험은 무엇이 될 것인지를 생각해 봅시다.

그 위험을 감내한다면 내가 얻는 것과 잃는 것은 무엇일까요?

저의 경우를 생각해 보면 제가 새롭게 도전하고자 하는 일 중 가장 큰 프로젝트가 지금 적고 있는 내용들로 "커리어회복탄력성 셀프 트레이닝 북"을 출판하는 것입니다. "커리어회복탄력성 셀프 트레이닝 북"이 출판되었을 때 내가 얻는 것은 내 이름으로 된 책이 한 권 생긴다는 것이고, 이 책을 만들면서 많은 정보와 지식들이 더 깊이 쌓인다는 것이고, 내 책을 펴냈을 때 커리어전문가로서 최소한의 자신감을 얻게 된다는 것입니다. 잃게 되는 것은 이런 별 볼 일 없는 책을 굳이 출판했냐 하는 악평을 듣는 것이고, 만일 자비로 출판하게 된다면 거금의 출판비용을 감수해야 할 것이고, 출판된 책이 팔리지 않는다면 책을 만들기 위한 종이의 원료인 나무라는 소중한 자원이 낭비되는 결과를 얻을 것입니다.

곰곰이 생각해 보면 종이를 낭비하는 결과가 될 것이 조금 걸리기는 하지만 얻는 것에 비해 잃는 것은 기꺼이 감수할 만하다는 판단이 듭니다.

그 위험을 감내한다면 내가 얻는 것과 잃는 것을 좀 더 분명하게 구체적으로 정리하는 것은 그 위험을 감내할 수 있는 용기와 자신감을 줍니다.

내가 얻는 것과 잃는 것을 정리하는 것은 언제나, 항상, 나에게 이득인 셈입니다.

나의 답변

[KEY 5]
관계 영역 트레이닝

관계 영역의 트레이닝으로 두 가지 방법을 제시하려고 합니다.
첫째, 커리어의 기회를 만들어 주는 인맥 네트워크 만들기 훈련과
둘째, 공감과 배려의 바탕이 되는 자아확장력 키우기 훈련입니다.

"커리어의 기회는 사람에게서 온다."

커리어에서 인간관계가 얼마만큼 중요할까를 물어본다면 다음과 같이 대답하겠습니다. 커리어라는 길을 걸어가는 데 필요한 것은 '역량'과 '관계'라는 두 다리라고…. '관계'라는 다리가 없다면 한쪽 다리로만 걸어가야 하는 절음발이 신세와 다를 바 없다고 말입니다.

커리어에서 관계가 얼마만큼의 파워를 발휘하는지가 선명하게 드러나는 경우가 있습니다. 바로 '평판조회'입니다. 새로운 직장으로 이직을 할 때 주의해야 할 점 중에 한 가지는 새 회사에서 '평판조회'를 할 수도 있다는 것입니다. 특히 경력이 오래되고 중요한 업무를 수행하게 될 사람일수록 새 회사에서는 위험부담을 줄이기 위해 반드시 '평판조회'를 하게 됩니다. 지금 있는 회사에서 아무리 (이가 떨리도록) 힘들고 (망정이 떨어져서) 이직을 결심했다고 하더라도 회사를 정말로 퇴사하기 전까지는 최대한 나의 평판을 좋게 관리할 필요가 있습니다. 그런데 문제는 이 '평판'이라는 것이 나의 업무능력과 상관없이 나의 회사 내 인간관계에 의해 좌우되는 경향이 많다는 것입니다. 아무리 회사라는 조직이 업무역량으로 승부를 보는 곳이라 할지라도 관계에 소홀하거나 삐걱대기 시작하면 그것은 나의 커리어에 적신호가 켜졌다고 봐야 합니다.

더구나 활발한 SNS 활동과 인터넷 세상이 차지하는 비중이 커지고 있는 지금에는 오프라인에서의 '평판'뿐 아니라 온라인에서의 '평판' 또한 내가 관리해야 할 중요한 영역이 되었습니다.

나의 '평판'이 내가 맺고 있는 인간관계에 좌우되는 것뿐만 아니라 나의 미래와도 중요하고 밀접한 관계가 있습니다.

바로 커리어의 기회는 대부분 '사람'으로부터 오기 때문입니다.

여러분이 지금 직업이나 직장을 갖게 된 계기나 기회는 어떻게 얻었습니까?

구인구직 포털사이트 잡코리아(2017)에서 직장인 713명을 대상으로 '직장인 이직 성공요인'에 대해 설문조사한 결과에서 2위에 '인맥'이 들었다고 합니다. 상당수의 많은 직장인들이 '사람'으로부터 자신의 커리어를 발전시킬 좋은 기회를 얻고 있다는 것을 알 수 있습니다. 프리랜서로서 강의를 많이 하는 필자의 경우에는 특히나 이 점이 명백하게 사실입니다. 저의 강의처는 대부분 우연한 기회에 만난 '사람'들로부터 생겨났습니다. 교육을 같이 받으며 만난 사람, 공부 모임에서 만난 사람, 예전에 같이 근무했던 직장 동료들이 프리랜서를 선언하고 강의를 시작한 저에게 강의할 기회를 주었고, 강사로서 경력을 쌓아 갈 수 있도록 발판을 마련해 주었습니다. 지금도 저의 대부분의 수입은 전적으로 '인맥'에서 만들어지고 있습니다. 저의 경우는 내 '인맥'의 힘이 매월 정확하게 돈으로 정산되어 입금되는 형국입니다. 따라서 저에게는 '관계'가 커리어를 쌓아 가게 하는 힘이자 계속 커리어를 이어 나가야 하는 이유이기도 합니다.

그리고 사람의 행복은 그 사람이 맺고 있는 인간관계에 좌우된다고 해도 과언이 아닙니다. 내 마음을 알아주고 무조건적으로 믿어 주는 한 사람만 있다면 그 사람은 잘 살아갈 수 있다는 말도 있습니다. 내가 원하는 모든 것이 다 이루어졌다고 해도 마음 편히 이야기 나누고, 함께 웃고, 맛있는 음식을 함께 먹을 사람이 하나도 없다면 결코 행복하다 할 수 없을 것입니다.

그런데 늘 든든하고 안정되고 따뜻한 인간관계를 쌓아가는 것이 참으로 쉽지 않은 일입니다. 서로의 생각이 달라서 상처받기도 하고 서로에 대한 감정 차이가 상처를 만들기도 합니다. 살면서 가장 큰 행복도 사람에게서 오지만 가장 큰 불행도 사람에게서 오곤 합니다. 때로는 인간관계란 풀어도 풀어도 풀리지 않는 숙제 같다는 생각마저 들 때도 있습니다. 하지만 인간관계라는 숙제는 주어진 숙제를 풀지 않으면 결코 사라지지 않는 숙제입니다. 인간관계를 풀기 어려운 숙제로 남기느냐, 나의 행복의 원천이자 자원으로 남기느냐는 전적으로 나에게 달려 있습니다.

이제 커리어에서 튼튼하게 인맥을 쌓아 갈 수 있는 비법과 든든하고 안정되고 따뜻한 인간관계를 쌓아 가는 데 있어서 가장 기본이 되는 것을 훈련하고자 합니다.

커리어회복탄력성의 구성요소 중에 관계 영역은 '인간관계'라는 영역의 특성상 혼자서만 훈련하기는 어렵습니다. 반드시 파트너를 찾아 훈련해 보시기 바랍니다. 이 훈련을 파트너와 함께 하다 보면 든든하고 좋은 인간관계를 쌓아 가는 기쁨과 행복을 맛볼 수 있을 것입니다.

CAREER RESILIENCE

"새로운 인맥에 뛰어들어야 한다."

-커리어회복탄력성 카드 中-

5-1 인맥 네트워크 만들기

"나의 커리어 정보통을 만들자."

앞에서 커리어의 기회는 대부분 사람에게서 온다고 했습니다. 그렇기 때문에 평소에 내가 속한 업계의 소식을 나에게 부지런히 물어다 줄 정보통들을 여기저기에 만들어 두어야 합니다. 어떻게 하면 나의 정보통들을 여러 곳에 만들 수 있는지 그 노하우를 알려드리겠습니다.

사람들에게 평소 인맥 네트워크를 만들어 두라고 이야기하면 대부분의 사람들은 '맞아! 그래야지' 하면서도 어떻게, 어떤 방식으로 해야 할지 막막해하곤 합니다. '회사에서 같이 지내는 회사 동료들, 협력 회사사람들과의 관계가 좋으면 다 된 거 아니야?'라고 생각하기도 합니다. 물론 내가 현재 몸담고 있는 회사 사람들과 협력 회사사람들과 좋은 관계를 맺는 것은 가장 중요합니다. 이 두 관계에서 나의 인성과 역량을 인정받는 것은 인맥 네트워크를 만들 때 가장 기본적이고 핵심적인 부분입니다. 하지만 이 지점에서 여러분에게 이야기하고 싶은 것은 우리들 대부분은 언젠가는 회사를 옮겨야 한다는 것입니다. 면접 시에 신입사원으로 들어와서 정년까지 근무하겠다고 열정에 차서 말하는 입사 후 포부는 (현실적으로 공공기관이나 공기업의 경우가 아니면) 거의 실현되지 않습니다. 언젠가는 대부분 내 예상보다는 빠른 시기에 이직을 해야 하거나 다른 직업으로의 전직을 고민해야 하는 시기가 옵니다. 바로 그럴 때 회사사람들과 협력회사를 넘어선 인맥 네트워크를 활용해야 합니다.

이 인맥 네트워크를 한마디로 설명하자면 "내가 진입하고자 하는 분야에 새로운 사람을 소개받고 잡(job) 인터뷰를 진행한다"입니다.

일단 첫 순서는 내가 진입하고자 하는 분야를 결정합니다.
동종업계로의 이직은 굳이 이 인맥 네트워크를 따로 만들지 않고 기존의 회사 인맥만으로 수월하게 이직할 수도 있습니다. 특히 평소에 회사 내외의 인맥이 좋고 업무역량이 탁월하다면 더욱 그렇습니다. 이 인맥 네트워크는 이직보다는 전직 상황에서, 경력단절을 딛고 새롭게 출발해야 하는 사람들에게 더욱 필요한 기술이라고 할 수 있습니다.

두 번째, 널리 널리 알리는 단계입니다.

내가 지금 새로운 출발을 준비하고 있다는 것과 새롭게 진입하고자 하는 분야의 재직자, 경력자를 알고 있다면 나에게 소개해 달라고 부탁하는 메시지를 나의 모든 인맥을 다 동원하여 널리 널리 알리는 것입니다. 내가 속한 모든 소셜 미디어와 소속되어 있는 모임, 인간관계 등에 널리 널리 알려야 합니다.

사실 이 부분이 가장 용기가 필요합니다. 이 두 번째를 이야기하면 지금 몸담고 있는 회사에 소문내고 싶지 않다, 여러 사람들에게 나의 처지를 알리고 싶지 않다고 하면서 강한 거부감을 드러내는 사람들이 있습니다. 그런 반응을 충분히 이해합니다. 그런 경우라면 최대한 조심히 움직일 필요가 있습니다. 하지만 아무에게도 알리지 않고 모든 것을 차단한 채 인맥 네트워크를 만들어 내는 것은 불가능합니다. 내가 움직일 수 있는 최대한의 범위에서 최선을 다해 나의 상태를 알리고 새롭게 진입하고자 하는 분야의 재직자, 경력자를 소개받아야 합니다. 최소한 5명 이상의 명단을 받으면 좋겠지만 단 한 명이라도 좋습니다. 그 단 한 명이 또 다른 사람을 소개해 줄 수 있고 소개를 거듭 받다 보면 릴레이식으로 5명을 만나는 것이 가능해집니다(이러한 방법은 논문을 쓸 때 질적 연구 방법의 하나로, '눈덩이 표집선정'이라고 부릅니다).

세 번째, 한 명이라도 소개를 받았다면 그 사람에게 연락을 해야 합니다.

연락을 취할 때는, 갑작스럽게 본론을 꺼내는 것보다 이메일이나 문자 등으로 먼저 연락처를 제공해 준 소개자를 언급하며 상대방에게 자신을 소개하는 것이 좋습니다. 그리고 난 뒤에 연락한 취지 등을 간결하고 분명하게 전달합니다.

여기서 중요한 것은 여러분이 그 사람에게 연락을 취하는 이유는 여러분이 새롭게 진입하고자 하는 분야의 살아있는 직업 정보를 얻고 조언을 얻기 위해서가 일차적인 목표라는 것입니다. 취업을 의뢰하거나 취업 정보를 얻기 위한 것이 아님을(물론 이러한 성과를 얻게 되면 좋겠지만 처음부터 이렇게 접근하면 만남의 성사율이 매우 떨어집니다) 충분히 설명해서 상대방에게 부담을 주지 않는 것이 중요합니다.

처음 소개 받을 때에는 여러분이 사는 지역과 다소 먼 곳에 사는 사람이어도 상관치 말고 연락해 보시기 바랍니다. 여러분은 당장 취업을 부탁하려고 하는 것이 아니고, 새롭게 진입하고자 하는 분야의 재직자, 경력자들을 만나 생생하게 살아 있는 직업 정보를 얻고자 하는 것이 일차적인 목표이므로 일단 지역에 구애받지 말고 실행해야 합니다.

여기서 또 드는 의문은 과연 누가 이렇게 연락한다고 해서 만나주겠냐 하는 것일 겁니다. 아무도 안 만나 줄 것 같다고 고개를 설레설레 젓는 사람들에게 저는 거꾸로 질문을 합니다. 혹시 당신에게 아는 사람을 통해서 당신이 경험한 것(직무, 교육 등)에 관해 정보와 조언을 좀 얻고 싶다고 정중히 부탁하는 연락이 왔다면 당신은 어떻게 하겠냐고 말입니다. 저의 질문에 그런 연락이 왔을 때 **'나는 낯선 사람은 절대 안 만나!'**라고 하며 매몰차게 거절하겠다는 사람은 거의 없었습니다. 나는 흔쾌히 만나 줄 것이다. 만나기 힘들면 전화나 메일로 정보를 주겠다고 하는 사람이 대부분입니다. 나는 흔쾌히 만날 것이라고 하면서 왜 다른 사람들은 만나 주지 않을 거라고 단정 짓느냐고 물으면 그 사람들은 아하! 하며 뭔가 깨달은 표정들을 짓곤 합니다. 제가 많은 사람들에게 이 인맥 네트워크 훈련을 시켰을 때 대부분은 실행하기 어려워했지만 소수의 용감하게 실행했던 사람들이 하는 말은 한결같습니다. 생각보다 어렵지 않았다고 말입니다. 처음 시도하기까지가 제일 힘들었지, 일단 한 번 해 보고 나면 이게 그렇게까지 어렵고 힘든 일이 아니라고 합니다. 그리고 그 효과는 정말 굉장하고 파워풀하다고 입을 모아 이야기합니다.

네 번째 단계는 직접 만나는 것입니다.

여러분이 요청해서 만나는 것이므로 상대방의 시간과 여건에 맞추어 약속을 잡도록 합니다. 찻집에서 만나는 것이 가장 무난합니다(찻값은 당연히 여러분이 내야 합니다). 직접 만나기 전에 여러분이 준비할 것이 있습니다. 나에 대해 소개할 내용을 준비하고 질문리스트를 작성하는 것입니다.

질문리스트는 내가 새롭게 진입하고자 하는 분야의 경력자를 만났을 때 물어보고 싶은 것을 적도록 합니다. 최소한 5개 이상의 질문 리스트를 준비하고 이것을 반드시 노트에 적거나 프린트하여 체계적으로 인터뷰를 진행하도록 합니다.

📌 질문 리스트 예시

1. 그 분야에서 일할 때 가장 중요한 자질과 능력은 무엇입니까?
2. 어떻게 그 분야에 진입하셨나요?
3. 그 일을 할 때 가장 어려운 점은 무엇입니까?
4. 그 일을 할 때 가장 보람된 점은 무엇입니까?
5. 업무 환경은 어떠합니까?
6. 그 분야의 동향은 어떻습니까? 앞으로의 전망은 어떻게 보세요?
7. 그 분야의 경력자로서 앞으로의 비전은 무엇입니까?
8. 그 분야의 전문가가 되기까지 어느 정도의 시간과 노력이 필요할까요?

9. 그 분야의 종사자들은 주로 어느 정도의 수입을 갖습니까?
10. 그 분야에서 성공하기 위한 당신의 노하우는 무엇입니까?
11. 구체적인 업무 프로세스를 설명해 주세요.
12. 가장 많이 하고, 자주 하는 업무에서 주되게 발휘하는 역량은 무엇입니까?
13. 하루 단위, 주 단위, 월 단위로 반복해서 돌아가는 업무는 무엇입니까?
14. 이 분야의 다른 재직자를 소개해 주시겠습니까?

위의 질문은 예시입니다. 이 질문들을 그대로 써도 되고 여러분이 직접 궁금한 사항을 만들어 사용해도 됩니다. 질문을 할 때 주의할 점은 개인 신상에 관한 것을 캐묻거나 상대방이 답변을 거부하는 것에 대해서는 굳이 다시 묻지 않는 것입니다. 특히 아무리 궁금하다 하더라도 상대방이 먼저 이야기해 주지 않는 한 상대방의 현재 수입 정도를 묻는 것은 실례가 됨을 명심해야 합니다. 이것은 '잡(job) 인터뷰'라고 할 수 있습니다. 인터뷰이므로 질문리스트를 펼쳐 놓고 필기를 해 가며 진행해야 나중에 정보를 정리하는 데 좋습니다. 시간은 먼저 미리 잡았던 약속한 시간(30분~1시간)을 지켜서 마무리합니다.

다섯 번째 직접 만난 이후에는 반드시 사후 인사를 하고 인터뷰에서 얻은 정보를 기록하여 정리합니다.

만남 이후 그날 저녁이나 다음 날까지는 반드시 시간 내 주셔서 감사하고, 좋은 정보를 얻었으며 많은 도움이 되었다는 내용의 사후 인사를 꼭 전하도록 합니다. 이 사후 인사를 통해 앞으로도 꾸준히 연락하고 정보를 주고받는 관계가 될 수 있도록 연결고리를 만들어 놓는 것입니다.

그리고 반드시 인터뷰에서 얻은 정보와 나의 생각들을 기록하여 정리해 놓아야 합니다. 이 기록들은 나의 인맥 네트워크의 소중한 자원이 되고 커리어의 방향을 정하는 나침반 역할을 하게 되므로 잘 정리하고 계속 업그레이드 해 나가는 게 좋습니다.

이상으로 **인맥 네트워크 만드는 방법**을 정리했습니다.

내가 일하는 분야에 이러한 인맥 네트워크가 최소한 5명 이상만 된다면, 여러분이 커리어 분야를 바꾸지 않는 한 계속해서 일자리 내지는 일거리를 얻는 데 큰 걱정이 없을 것입니다. 물론 많으면 많을수록 더욱 좋습니다. 여러분이 인터뷰한 그 사람은 여러분의 커리어 정보통 역할을 해 주게 됩니다. 당장은 아니더라도 두고두고 동종업계의 소식이나 동향, 여러 가지 기회들을 전달해 줄 수 있는 자원이 되는 것입니다. 물론 여러분도 받기만 하는 것이 아니라 그 사람에게 도움을 줄 수도 있어야 합니다.

어떠한가요? 한번 해 볼 만하지 않겠습니까? 첫 시도가 어렵지 한번 해 보면 얻어지는 성과가 정말 많으므로 계속해 나갈 수 있을 거라고 장담합니다.

✏️ 인맥 네트워크 훈련 실습

1단계 내가 진출하고 싶은 분야는?

2단계 소개 부탁 문구를 만들어 보세요.

3단계 만남 부탁 문구를 만들어 보세요.

4단계 질문 리스트를 만들어 보세요.

1.

2.

3.

4.

5.

6.

7.

8.

9.

10.

5단계 사후인사 문구를 만들어 보세요.

CAREER RESILIENCE

"멘토의 중요한 역할은 우리가 올바르게 방향을 잡았다는 확신을 주는 것이다."

-커리어회복탄력성 카드 中-

5-2 자아확장력 키우기

"우리는 연결되어 있다."

『회복탄력성』에서 자아확장력이란 자기 자신이 다른 사람과 연결되어 있다고 느끼는 정도를 말합니다. 자아확장력을 쉽게 이해하기 위해 한 번쯤은 들어 본 적이 있을 법한 이야기를 해 드리겠습니다.

어떤 사람이 시장에서 물건을 사다가 장사꾼과 시비가 붙어 옥신각신 싸우게 되었다고 합니다. 서로 험한 말과 주먹다짐까지 하던 중에 결국 경찰서까지 끌려가게 되었는데 경찰서에서도 한 치의 양보 없이 서로를 고발하며 난리 치던 중 우연히 두 사람이 어릴 적 헤어진 친형제 사이라는 것을 알게 되었습니다. 그 사실을 알기 전까지만 해도 철천지원수처럼 싸우던 두 사람은 서로가 자신의 형제라는 것을 알게 되자마자 그동안의 미움과 분노는 한순간에 사라지고 서로를 얼싸안고 기뻐했다는 이야기입니다. 완전 남이라고 생각했을 때에는 맹렬히 싸우며 미워했던 상대가 바로 자기 자신의 혈연(나와 연결된 사람)인 것을 안 순간 미움에서 사랑으로 바뀌는 것은 순식간이었던 것입니다.

이렇듯이 자아확장력이 발휘되는 순간에는 너와 나의 구분이 옅어지고 우리는 연결된 하나라는 느낌이 더 커지게 됩니다. 자아확장력이 약한 사람은 내 한 몸과 내 마음만 건사하기도 벅차게 되니 늘 불평불만이 쌓이고 나는 혼자라는 느낌에 발버둥 치게 됩니다. 결과적으로 다른 사람을 이해하고 배려하는 자세를 갖기도 힘듭니다. 반면에 자아확장력이 큰 사람은 나를 넘어서 내 가족, 내 친인척관계, 내 친구, 내가 아는 사람들과 모두 연결되어 있다는 느낌을 갖고 있고 나를 보살피듯 다른 이들을 보살피고 배려하는 자세가 저절로 나오게 됩니다. 그리고 더 나아가 내가 속한 지역사회, 내 나라, 내가 사는 이 지구별의 모든 생명체까지도 나와 연결되어 있다는 생각과 느낌으로 적극적으로 보살피고 배려하는 자세를 갖기까지 합니다.

자아확장력이 큰 사람은 다른 사람의 입장을 좀 더 쉽게 이해하고 배려할 수 있는 힘이 있습니다. 왜냐하면 상대방의 처지가 바로 내 처지가 될 수도 있다는 생각이 항상 깔려 있고 상대방의 감정도 마치 내가 느끼듯이 공감하기 때문에 역지사지가 잘 되는 것입니다. 여기서 주의할 것은 다른 사람과의 연결되어 있다고 느끼는 자아확장력과 '너는 내 사람이야', '당신들은 내가 시키는 대로 해'라는 식의 사람에 대한 소유욕과 지배욕을 잘 구분해야 한다는 겁니다. 자아확장력은 많이 훈련되고 발휘되면 될수록 나란 사람의 그릇을 키우고 내 안의 잠재력을 발휘하게 하고 인간관계를 더욱 좋게 만들지만, 사람에 대한 소유욕과 지배욕은 서로의 성장을 가로막고 불행한 관계로 가는 지름길이 됩니다.

인간관계를 잘 맺는 데 있어서 가장 핵심적인 능력인 자아확장력을 키우기 위해서는 어떠한 훈련을 해야 할까요?

정답은 바로 앞에서 말한 역지사지의 자세를 기르는 훈련입니다.

역지사지의 자세는 상대방의 입장이 못마땅하고 이해가 안 가더라도 내가 그 처지가 되면 어떨까 하고 상대방의 입장에 서 보려고 하는 매우 의식적이고 의도적인 노력의 자세이고 아직 처해 보지 못했거나 잘 모르는 상황을 머릿속에서 그려보는 상상력이 필요한 자세입니다. 따라서 이 역지사지의 자세를 기르는 훈련은 매우 의식적으로 노력해야 하고 상상력을 발휘해야 합니다.

일단 좀 더 친해지고 싶거나 좋은 관계를 맺고 싶은 사람을 한 명 머릿속에 떠올려 봅니다. 그리고 잠시 동안 내가 그 사람이 되었다는 상상을 해 봅니다.

머릿속에 떠올린 그 사람이 어떤 특정한 상황에서 특정한 행동을 하는 상황을 떠올려 봅니다. 그리고 내가 그 사람이 되어 그 사람이 보는 것은 무엇인지, 듣는 것은 무엇인지, 말은 어떤 말을 하는지, 어떤 생각과 기분인지를 생각해 보는 것입니다. 보고, 듣고, 느끼고, 행동하는 것을 직접 체험하듯이 머릿속에서 상상하다 보면 곁에서 보던 것과는 많이 다르다는 것을 알아챌 수 있습니다. 또는 하나도 떠오르는 것이 없어서 당황할 수도 있습니다. 하나도 떠오르는 것이 없다는 것은 그만큼 나는 그 사람의 입장에서 생각해 본 적이 없고 그 사람과의 관계에서 매우 독단적으로 판단하고 있으며 내 입장만 고수하고 있다는 증거가 됩니다. 별로 떠오르는 것이 없을 수도 있고, 많은 경우 그 사람과 내가 떠올린 것을 진짜 대조해 봤을 때 하나도 많지 않았음을 확인할 수도 있습니다. 그 사람을 많이 이해하고 있고 잘 알고 있다고 여겨왔지만 막상 그 사람의 입장에서 보고 듣고 느끼려는 노력이 참으로 부족했음을 실감했을 것입니다.

이 훈련을 하루에 한 명씩 꾸준히 해 보기 바랍니다. 하루에 한 명이 힘들다면 일주일에 한두 명도 괜찮습니다.

이 훈련이 점점 더 잘 된다면 내가 아는 사람뿐만 아니라 점점 범위를 넓혀서 뉴스에 나오는 사람들 중에서도 해 볼 수 있습니다. 예를 들면 올해(2020년) 코로나19로 직장을 잃은 사람이 뉴스에 나온다면 내가 그 입장이면 어떨까 하고 그 사람의 입장에서 생각해 보는 것입니다.

이 역지사지의 자세를 기르는 훈련을 통해서 여러분은 공감능력을 키울 수 있고 섬세하고 적절한 배려능력을 키울 수 있습니다.

공감과 배려야말로 좋은 인간관계를 위한 가장 기본적인 것이 아니겠습니까?

CAREER RESILIENCE

"더 찬찬히, 더 곰곰이, 더 깊이 생각해 본다."

-커리어회복탄력성 카드 中-

◆ 자아확장력을 키우기 위한 역지사지(易地思之) 훈련

1. 오늘 역지사지를 해 볼 사람은 누구입니까?

2. 그 사람은 무엇을 볼까요?

3. 그 사람은 무엇을 듣나요?

4. 그 사람은 어떤 말을 할까요?

5. 그 사람은 어떤 행동을 할까요?

6. 그 사람은 무엇을 느낄까요?

7. 그 사람은 어떤 생각을 할까요?

5-3 관계 영역 질문들

① 커리어 분야에서 끈끈한 유대감을 느끼는 사람들은 누구인가요?

저의 경험에 비추어 보면 제가 속한 커리어 분야에서 가장 끈끈한 유대감을 갖게 된 사람들은 같은 업계에 종사하나 같은 사무실에서 근무하지 않고 직무향상 등의 교육을 함께 받으며 가까워졌던 사람들입니다. 그렇게 만난 사람들과는 지금까지도 오랫동안 좋은 관계를 이어오고 있습니다. 아무래도 같이 근무하는 사람들과는 서로의 장단점(특히 단점을!)을 다 보게 되고 일적으로 부딪치는 경우도 많게 되니 서로에 대한 호감을 계속 유지하기 힘듭니다. 하지만 교육이나 모임 등에서 만난 사람들과는 일적으로 부딪칠 일도 별로 없고 예의바른 모습을 유지하기가 쉬우니 서로에 대한 호감이 동종업계에서 같은 고생을 한다는 끈끈한 유대감으로 발전되기도 쉬웠습니다.

같은 곳에서 근무하는 사람 중에 일적으로도 인간적으로도 배울 바가 많은 좋은 사람이 있다면 참으로 감사하게 생각하고(보기 드문 행운아!) 그 사람과의 관계를 튼튼하게 맺도록 최선을 다하십시오. 주변을 둘러봐도 그런 사람이 하나도 없다 싶어도 걱정할 것은 없습니다. 조직 밖에서는 앞에서 이야기한 것처럼 더 쉽게 찾을 수 있으니까요.

끈끈한 유대감을 만들어 가는 가장 좋은 방법은 내가 먼저 베풀거나 도움을 주는 사람이 되는 것입니다. 받을 계산을 하고 주는 것이 아니라 순수한 마음으로 도움이 되고자 먼저 손을 내민다면 상대방의 마음도 열리고 서로 주고받는 윈윈(win-win) 관계가 될 것입니다. 그렇게 쌓여진 끈끈한 유대감은 언젠가 결정적인 순간에 큰 힘을 발휘할 수 있을 것입니다.

나의 답변

② 좋은 인간관계를 유지하기 위한 당신의 원칙은 무엇인가요?

이 질문을 받고 처음 드는 생각은 좋은 인간관계를 유지하기 위한 나의 원칙이 무엇인지 생각해 본 적이 별로 없다는 것입니다. 인간관계에 대한 교육도 받고 책도 많이 읽고 심지어 인간관계에 대한 강의도 하는 사람으로서 이런 생각을 해 본 적이 별로 없다는 자각에 부끄러움이 느껴졌습니다. 좋은 인간관계를 위해 어떻게 어떻게 해야 한다는 말은 많이도 듣고 많이도 하고 살았지만 막상 좋은 인간관계를 유지하기 위한 나의 원칙은 무엇이다! 라고 정리하려니 조금은 막막하게 느껴졌습니다.

'끼리끼리는 사이언스(과학)다'라는 말을 인터넷에서 본 적이 있습니다. 사람들은 결국 비슷비슷한 수준끼리 만나게 되고 어울리게 된다는 것입니다. 특히나 긴 인연이 지속된다는 것은 무엇이 맞아도 맞기 때문이니 오래된 관계일수록 더더욱 비슷한 수준이라고 합니다. 어느 정도는 맞는 이야기라는 생각이 듭니다. 그렇다면 좋은 인간관계를 맺기 위한 단 하나의 원칙을 꼽으라면 단연코 '내가 먼저 좋은 사람이 되자'라고 할 수 있겠습니다. 내가 나란 사람의 수준을 높여 나가야 거기에 걸맞은 사람들을 만나게 되고 지속적으로 관계를 이어갈 수 있을 것이기 때문입니다.

나의 자아확장력을 높이기 위해 노력하고, 먼저 베풀고자 하고, 함부로 판단하고 단정 짓지 말고 섬세히 살피고 배려할 줄 아는 사람이 된다면 좋은 인간관계는 당연히 따라오는 결과이자 인생의 소중한 선물이 될 것입니다.

나의 답변

③ 새롭게 인맥을 맺는다면 어떤 사람들과 맺고 싶나요?

이 질문에 답하기에 앞서 일단 새로운 인맥을 만드는 데 주저하지 말라고 이야기하고 싶습니다.

이직에 성공한 사람들을 대상으로 당신의 이직에 결정적인 연결고리가 되어 준 사람은 어떤 관계의 사람이었는가를 묻는 설문조사에서 약 27.8%가 약한 연결의 사람이었고 중간 세기의 연결이 55.6%, 강한 세기의 연결이 16.7%였다는 통계(Granovetter, 〈The Strength of Weak Ties〉(1973))가 있습니다. 즉 가족, 친구, 친지 등의 친한 관계에서보다 친하지는 않지만 서로 알고 지내는 약한 연결고리의 사람들이 더 실질적인 도움이 되는 경우가 많다는 것입니다.

나와 친한 사람들은 내가 갖고 있는 정보와 많은 부분이 겹치게 되지만 느슨한 관계의 사람들은 나와 다른 정보를 접하게 되므로 새로운 정보, 관계, 판단, 기회를 제공할 여지가 더 많기 때문입니다. 따라서 내가 찾고 있는 정보는 새롭게 만나게 되는 사람들에게서 우연히 얻게 될 확률이 더 높다고 할 수 있습니다.

아무리 좋은 화면으로 수영하는 장면을 보고 연습해 봐야 직접 수영장에 몸을 담가 첨벙거리는 것보다 나을 수 없습니다. 내가 관심 있는 분야가 있다면 일단 그 분야와 조금이라도 연결되어 있는 사람을 먼저 만나 보는 것부터 시작하시기 바랍니다.

요즈음은 직접 만나지 않더라도 인터넷으로 연결되어 있는 세상입니다. 약간의 의지와 노력만 있다면 새로운 인맥을 맺는 것이 정말 쉬운 세상입니다.

자, 여러분은 어떤 분야의 사람들을 만나 보고 싶은가요?

나의 답변

④ 당신의 멘토는 어떤 사람인가요?

'나의 멘토는 누구다'라고 단박에 말할 수 있는 사람은 참 복 받은 사람입니다. 또한 늘 배우려고 하는 겸손한 자세를 갖추었고 주변을 잘 살피는 부지런한 사람임에 틀림이 없습니다.

주변을 아무리 둘러봐도 멘토라고 여길 만한 사람이 없다라고 하는 사람은 사람 보는 눈이 없거나, 찾아보려는 노력도 안 하는 게으름뱅이이거나, 나보다 잘난 사람은 없다고 믿는 교만덩어리거나, 인복도 참 없는 사람이라고 할 수 있습니다.

이렇게 이야기하니 대부분의 많은 사람들이 '이거 뭐야… 웃기네' 하고 기분 나빠할 수도 있겠습니다. 요즘 같은 세상에 멘토 한 명 만들지 못하는 사람은 성장하고자 하는 자세가 부족한 사람이라는 생각에 조금 과장하여 이야기해 보았습니다.

인터넷에만 봐도 정말 훌륭한 사람들이 매일 눈에 띕니다. 이 글을 쓰는 요즈음은 코로나19로 인하여 정은경 질병관리본부장에 대한 외신 뉴스를 포함한 많은 뉴스와 이야기들이 넘쳐납니다. 그 뉴스들을 보면 정은경 본부장의 뛰어난 리더십과 성실함, 책임감을 칭찬하고 응원하는 글들이 많습니다. 그것들을 보면서 자신의 자리에서 묵묵히 헌신하는 사람에게서는 이렇게 묵직한 감동과 감사의 마음이 일어나는구나 하고 느낍니다. 오늘은 정은경 질병관리본부장이 저의 멘토가 됩니다. 그를 통해 나는 오늘 나의 자리에서 묵묵히 할 일을 최선을 다해 하고 있는지, 외부의 시선과 평가에 좌우되지 않을 만큼의 내공을 쌓아 가고 있는지를 점검하는 것입니다.

멘토는 평생에 한 명만 찾을 수도 있습니다. 그러나 저는 여러분에게 매일매일의 멘토를 찾아 많은 멘토들에게서 배우는 것도 좋은 방법이라고 말하고 싶습니다.

나의 답변

⑤ 주위 사람들과 편안하고 솔직한 의사소통을 하고 있나요?

편안하고 솔직한 의사소통을 위해서 가장 중요한 것은 서로 간의 '신뢰'라고 생각합니다. 서로 믿을 수 있는 사람이고 나를 이해해 주고 믿어 주는 사람이라는 믿음이 바탕이 되어야 비로소 그 사람과의 의사소통이 편안하고 솔직해질 수 있기 때문입니다.

이 '신뢰'가 아슬아슬한 상태이거나 아직 충분히 다져지지 않은 상태에서 의견 충돌까지 생기면 상대방이 어떻게 나올지 알 수 없기 때문에 마음이 점점 불편해지고 솔직하기는 더더욱 어렵게 됩니다. 그래서 대화가 점점 더 방어적이 되거나 공격적이 되기 때문에 신뢰하지 못하는 사람과의 대화는 뭔가 석연치 않은 느낌이고 피곤한 상태가 되기 일쑤입니다. 사람 간의 이 신뢰를 쌓아간다는 것은 정말 쉽지 않고 어려운 일입니다. 시간이 필요한 일이기도 합니다.

이 경우에도 해법은 나부터 시작하는 것이 아닐까 합니다. 나부터 상대방을 먼저 이해해 주고 믿어 주려고 노력하는 것입니다. 그리고 상대방에게 최대한 있는 그대로의 나를 보여 주려고 먼저 노력합니다. 이러한 노력이 차근차근 쌓여질 때 언제나 내 주위 사람들과 편안하고 솔직한 의사소통을 하고 있다고 말할 수 있습니다. 편안하고 솔직한 의사소통이 정말 어려운 이유가 여기에 있다는 생각이 듭니다. 예상보다 더 많은 노력이 필요한 능력이 의사소통 능력인 것입니다.

나의 답변

⑥ 당신에게 가장 큰 힘을 주는 사람은 누구인가요?

아마도 대부분의 사람들은 나의 가족, 친구, 직장 동료, 지인 등을 이야기할 것입니다. 사실 나에게 가장 큰 힘을 주는 이 사람들은 나에게 가장 큰 힘을 주기도 하고 동시에 가장 큰 상처를 주기도 하는 사람들입니다. 그렇지 않습니까?

나에게 가장 큰 힘을 주는 사람을 평소에 어떻게 대하고 있는지 스스로에게 다시 물어보시기 바랍니다.

그(그녀)의 행복을 위해 오늘도 나는 최선을 다하고 있나요?

아마 매일매일 그(그녀)의 행복을 위해 나의 최선을 다하지 않는다면 그(그녀)는 조만간 나에게 가장 큰 힘을 주는 사람에서 가장 큰 상처를 주는 사람으로 탈바꿈할 수도 있다는 것을 늘 기억하시기 바랍니다. (물론 나 자신도!)

나의 답변

[KEY 6]
삶의 긍정성 영역 트레이닝

삶의 긍정성 영역의 트레이닝으로 두 가지 방법을 제시하려고 합니다.
첫째, 삶의 순간순간을 긍정자원으로 만들어 내는 연금술인 음미하기 훈련과
둘째, 마음의 건강과 직결되는 신체단련인 운동하기 훈련입니다.

"긍정적인 뇌로 바꾸기"

김주환 교수의 『회복탄력성』이라는 책을 보면 회복탄력성은 긍정적 정서를 갖는 것이 중요하고 긍정적인 정서를 지닌다는 것은 뇌를 긍정적인 뇌로 바꿔야 한다는 뜻이라고 합니다. 뇌를 긍정적으로 바꾼다는 것이 어떤 것일까요? 뇌과학 연구에 따르면 부정적 감정과 긍정적 감정이 처리되는 부분이 다르고 분비되는 신경전달 물질도 다르다고 합니다. 그렇기 때문에 똑같은 사건이나 사물에 대해서도 사람마다 다르게 반응하게 되는 것입니다. 물이 반쯤 찬 컵을 보고 누구는 **'물이 반이나 남아 있네!'** 라고 생각하고, 누구는 **'물이 반밖에 없네!'** 라고 반응하게 되는 이유입니다. 뇌를 긍정적으로 바꾼다는 것은 바로 **'물이 반밖에 없네!'** 라는 반응을 주로 하는 사람이 **'물이 반이나 남아 있네!'** 라는 반응을 할 수 있도록 뇌의 작동습관을 바꾸는 것입니다. 즉, 긍정적인 정서를 습관화하여 평소에 느끼는 행복의 기본 수준을 점점 더 높여 나간다는 것입니다. 여기까지 이야기하면 그것이 평소에 노력한다고 해서 되는 것인가 하는 의구심이 들기도 할 것입니다. 거기다 **'매사에 긍정적으로 반응한다는 것이 과연 가능하냐?', '매사에 긍정적일 필요가 있냐?'** 하는 반발심도 생길 수 있습니다. 이런 생각이 드는 분들께 저는 앞에서 올바른 긍정의 의미를 설명하며 이야기했던 것과 연결하여 '낙관적 현실주의'라는 개념을 이야기하고 싶습니다.

> "낙관적 현실주의란 자신이 처한 상황을 냉정하게 판단하면서도
> 긍정적인 미래의 가능성에 여전히 문을 열어두는 능력을 가리킨다."
>
> -조앤 보리센코, 『회복탄력성이 높은 사람들의 비밀』 中-

물이 반쯤 찬 컵을 보았을 때 나 혼자만 물을 한 모금 마시는 경우라면 '물이 반이나 차 있네!'라는 생각을 하는 것이 자연스럽겠지만 물을 마셔야 하는 사람이 2명 이상이 된다면 '물이 반밖에 없네!'라는 반응을 보이는 것이 자연스럽습니다. 이렇듯 어떤 상황에 처해 있는지에 따라 긍정적인 반응과 부정적인 반응이 적절하기도 하고 맞지 않기도 합니다. '물이 반밖에 없네!'라고 반응하는 것이 무조건 부정적이라고 단정 짓는 것과 '물이 반이나 남아 있네!'라는 반응이 무조건 긍정적이라고 단정 짓는 것은 현실과 잘 맞지도 않고 나에게 도움이 되지도 않습니다. 일단 내가 처한 상황을 냉철하게, 즉 부풀리지도 않고 축소시키지도 않고 있는 그대로 파악하고 판단하는 것이 먼저입니다. 그 판단의 결과가 부정적인 것이라 하더라도 그 결과를 있는 그대로 받아들이는 것이 먼저이고 그 이후에 절망과 자포자기에 빠지기 보다 빨리 나를 추스려서 더 나은 결과를 희망하고 부단히 노력하는 자세를 갖추는 것이 중요합니다.

> "비관주의자는 바람이 부는 것을 불평한다.
> 낙관주의자는 바람의 방향이 바뀌기를 기대한다.
> 현실주의자는 바람에 따라 돛의 방향을 조정한다."
>
> -윌리엄 아서 워드, 회복탄력성이 높은 사람들의 비밀 中-

긍정적인 미래의 가능성에 여전히 문을 열어두는 능력이라는 것은 풍랑에 휩쓸린 배에 탔더라도 바람에 따라 돛의 방향을 쉼 없이 조정하는 자세를 말하는 것입니다. 이러한 자세를 먼저 갖추어야 나의 뇌를 긍정적인 뇌로 만들어 갈 수 있고 나의 기본행복수준(평상시에 느끼는 행복수준)을 높여 갈 수 있습니다.

CAREER RESILIENCE

> "당신에게는 선택권이 있다."
>
> -커리어회복탄력성 카드 中-

6-1 음미하기

"충분히 느끼고 생각하기"

스트레스에 쌓여 있고, 불평과 비관에 늘 시달리는 나의 뇌를 긍정적인 뇌로 만들어 주는 첫 번째 훈련 방법은 '음미하기'입니다.

음미(吟味)의 사전적 풀이는 '1. 시가를 읊조리며 그 맛을 감상함, 2. 어떤 사물 또는 개념의 속 내용을 새겨서 느끼거나 생각함'이라고 되어 있습니다.

우리는 이 음미하다는 말을 주로 음식을 먹으며 맛볼 때 가장 많이 쓰고 있는 것 같습니다. 맛있는 음식을 먹으며 먼저 눈으로 먹고, 다음으로 냄새로 먹고, 마지막으로 혀로 맛보며 입으로 먹는 과정을 음미한다고 합니다. 하지만 사전적 의미의 음미하기는 여기서 더 나아가 내 안에 떠오르는 생각과 느낌을 나의 오감을 총동원하여 충분히 느끼고 생각하는 것을 말합니다.

나의 뇌를 긍정적으로 만들어 주는 훈련이 왜 음미하기이냐 하는 궁금함이 있을 것입니다. 음미하기가 나의 뇌를 긍정적으로 만들어 주는 훈련인 이유는 생활의 한순간 한순간을 잘 붙잡아 나의 긍정과 행복의 자원으로 삼는 능력을 바로 음미하기 훈련으로 키울 수 있기 때문입니다.

과거에 행복했던 한 순간을 떠올려 보십시오. 어떤 것들이 떠오르시나요? 남들보다 더 굉장한 성공과 성취를 해야만 행복한 거라고 말하는 사람은 1년 365일 중에 행복했던 적이 몇 번 없을 겁니다. 아니 행복했던 순간보다 그저 그렇거나 불행했던 순간이 압도적으로 더 많이 떠올라 낭패감이 들 수도 있습니다. 이제 우리는 행복은 남들보다 더 성공하고 남들에게 나의 성공을 과시할 때 생기는 것이 아님을 잘 압니다(그렇죠?). 행복은 평범한 나의 일상에서 문득문득 느껴지는 기쁨, 평온함, 충만함임을 알고 있습니다. 그런데 역시, 여전히 아는 것과 실제와는 아직 큰 차이가 있다는 것도 압니다.

음미하기 훈련은 우리의 일상에서 주어지는 것들을 순간순간 오감을 총동원하여 찬찬히 음미하는 훈련입니다.

음미하기 훈련은 하늘을 올려다보니 문득 보이는 아름다운 구름, 길가에 막 수줍게 피어나고 있는 들꽃들, 막 내린 향긋한 커피 향 등 일상의 작은 것들에서 시작됩니다. 음미하기 훈련을 하다 보면 정신없이 바쁘게 사는 동안 나도 모르게 놓치고 있는 것들이 참 많았구나 하는 것을 절실히 느끼게 됩니다. 그리고 훈련을 거듭하다 보면 작은 일상의 순간순간에서 조금씩 오묘한 맛을 느끼게 되는데 그 오묘한 맛이 바로 기쁨과 감사와 평온함의 맛입니다. 이 맛이 점점 깊어지고 커지게 되면 웬만해선 흔들리지 않는 안정감을 갖게 됩니다. 그리고 작지만 확실한 행복을 선택하고 만끽하기 더 쉬워지게 됩니다. 삶의 순간순간들이 그냥 스쳐 지나가 버리는 것이 아니라 나의 긍정 자원으로 확실하게 잡아채서 비축할 수 있는 특별한 순간들이 되는 것입니다. 음미하기 훈련을 통해 우리는 평범한 일상을 더 행복하게 만들 수 있습니다. 행복은 누가 주는 선물이 아니고 내가 선택하고 누리는 '능력'이기 때문입니다.

일단 이 책을 읽고 있는 바로 지금! 네, 지금입니다. 나중으로 미루지 말고 바로 지금 여러분의 상태를 잠시 음미해 보는 연습을 해 봅시다.

다음의 질문을 읽고 잠시 천천히 답하며 올라오는 생각과 느낌을 솔직히 답해 보기 바랍니다. 따뜻한 차 한 잔을 만들어 두 손에 쥐고 천천히 한 모금씩 마시며 이 훈련을 하는 것도 좋습니다. 글로 적어도 좋고 속삭여도 좋고 생각만 해도 좋습니다.

🖊️ 음미하기 실습

▶ 시각 : 지금 책에서 고개를 들어 주변을 둘러보세요. 무엇이 보입니까?

▶ 청각 : 지금 무슨 소리가 들리나요?

▶ 미각 : 지금 입 안의 혀를 잠시 움직여 보세요. 어떤 맛이 느껴집니까?

▶ 촉각 : 지금 책과 주변 사물들을 천천히 만져 보십시오. 어떤 촉감이 느껴지나요?

▶ 신체적 느낌 : 지금 당신의 몸은 전체적으로 편안한가요? 불편한 점이 있다면 어떤 부분인가요?

▶ 정서적 느낌 : 지금 당신의 가슴(명치)의 느낌은 어떠한가요?

▶ 인지적 느낌 : 지금 어떤 생각들이 올라오나요?

▶ 마지막으로 나의 가슴의 느낌에 집중하면서 긴 호흡을 3~5번 합니다.

위의 질문들은 나의 오감을 활용하여 내가 느끼는 것들을 충분히 음미하는 연습을 하는 것입니다. 위의 질문들에 천천히 답을 하는 시간은 총 2~3분이 걸리지 않습니다. 결코 길지 않은 시간이지만 이 질문들에 답을 하면서 바로 지금을 충분히 음미하게 됩니다.

한번 해 보니 어떤 기분이 드나요? 음미하기 훈련의 마지막에는 가슴의 느낌에 집중하면서 되도록 긴 호흡을 3~5번 하는 것으로 음미하기 훈련을 마칩니다.

이런 음미하기 훈련을 하루에 적어도 2회 이상 하기를 권합니다. 자주 할수록 좋지만 숙제하듯이 하지는 마십시오. 그냥 하루에 2~3번은 지금 여기서 나의 오감이 느끼는 것들에 잠시 집중해 본다는 가벼운 마음으로 하기를 바랍니다.

음미하기 훈련을 통해 정신없이 흘러가는 일상에서 작은 쉼표를 찍을 수 있습니다. 스스로 너무 들떠 있거나 불안해하고 있거나 지쳐 있거나 하는 상태를 자각할 수 있어 빠르게 진정되는 효과도 얻을 수 있습니다. 지금 내 상태를 정확하게 자각하게 된다는 것은 정말 큰 효과입니다. 그리고 그 자각을 바탕으로 평범해 보이는 나의 일상에서 작지만 확실한 행복을 느낄 수 있는 능력이 자라납니다. 이 능력이 바로 삶의 긍정성입니다.

CAREER RESILIENCE

"큰 소리로, 신나게 웃어 보자."

-커리어회복탄력성 카드 中-

6-2 운동하기

"일주일에 3~4번, 40분 이상, 유산소와 근력운동을 적절하게!"

삶의 긍정성을 높이는데 난데없이 운동하기 훈련이라니 운동과 삶의 긍정성이 무슨 상관관계가 있나 하는 생각이 들 수 있습니다. 하지만 제가 그동안 만났던 수많은 사람들 중에서 삶의 긍정성이 가장 높았던 사람들은 대부분이 운동을 꾸준히 하는 사람들이었습니다.

'몸이 건강해야 마음도 건강하다'는 말이 있듯이 우리의 마음은 우리 자신이 의식하는 것보다 우리 몸에 훨씬 더 강하게 연결되어 있습니다. 그렇기 때문에 신체적인 건강은 우리의 정신건강에도 직결되어 있는 것입니다.

건강한 사람들은 힘든 일을 무서워하지 않고 새로운 도전을 두려워하지 않습니다. 몸이 건강하므로 마음도 건강합니다. 그렇기 때문에 그들은 역경과 위기의 순간에 더 잘 버티어 내고 다시 성장할 수 있습니다.

김주환 교수의 『회복탄력성』에서도 규칙적인 운동이 뇌를 긍정적으로 변화시키는 가장 빠르고도 확실한 길이라고 강조하고 있습니다. 운동은 우리의 뇌를 행복하게 해 줄 뿐만 아니라 머리도 좋아지게 해 준다고 합니다.

문제는 운동이 신체뿐만 아니라 정신에도 좋다는 것을 알긴 하지만 그것을 어떻게 꾸준히, 지속적으로 하냐는 것입니다. 시작은 잘하지만 꾸준히가 힘든 대부분의 우리들에게는 꾸준히, 지속적으로 운동을 한다는 것이 운동을 특별히 좋아하는 사람들이 아니면 참으로 어려운 난제입니다.

필자의 경우도 어쩔 수 없는 약속과 일이 아니면 집 바로 앞에 잠깐 나가는 것도 싫어하는 집순이 성향인 데다가 잘하는 운동이 하나도 없는 몸치입니다. 중년을 넘어가는 나이가 되니 체력의 문제가 심각해져서 운동을 해야겠다고 수없이 결심하고 집에서 실내자전거를 들여놓고 타 보기도 하고 유튜브를 보며 홈트를 하는 등의 시도도 했지만 결국 며칠을 못 갔습니다. 그러다가 정착한 것이 바로 집 근처 피트니스센터에서 하는 '줌바댄스'입니다. 신나는 라틴음악에 맞추어 누구나 쉽게 따라 할 수 있는 재미난 동작들로 이루어진 줌바댄스는 저에게 운동이 참 재미있고 스트레스 해소가 되며 힐링의 시간이 될 수 있다는 것을 가르쳐 주었습니다. 운동을 꾸준히 하니 일단 체력적인 문제가 획기적으로 해결되고 있습니다. 장거리 운전과 긴 시간 강의와 연달아 있는 강의들도 무리 없이 소화할 수 있고, 좀 더 생기 있는 모습을 유지할 수 있는 것 같습니다. 아마도 이 줌바댄스가 제가 제 일생에 가장 꾸준히 하고 있고 앞으로도 하게 될 운동이 아닐까 싶습니다.

결국 뭔가를 꾸준히 할 수 있으려면 '재미'가 중요하다는 생각이 듭니다. 특히나 평소에 운동을 좋아하지 않는 사람은 혼자서 뭘 해보려고 하기보다는 가까운 곳의 체육센터 등을 찾아 정해진 시간에 사람들과 함께 하는 운동을 권합니다.

제발 여러분의 의지력을 믿지 마세요. 의지력은 몸의 근육과 같아서 일정 정도 힘을 내고 나면 곧 그 힘이 소진되고 맙니다. 탈진된 몸의 근육이 정상인 상태도 돌아오기까지 시간이 걸리듯이 소진된 의지력도 다시 채워지는 데에는 시간이 걸립니다. 내 의지력만 믿기보다는 돈과 시간을 투자하는 것이 현명합니다. 어쨌든 내가 재미를 느끼는 운동을 찾아 일주일에 3~4회, 한 번 할 때에는 40분 이상을, 유산소와 근력운동을 적절하게 섞어서 꾸준히 하는 것을 권합니다.

자 지금 당장 책을 내려놓고 어깨에 힘을 빼고 고개를 최대한 뒤로 젖혀 봅시다. 고개를 최대한 뒤로 젖히고 천천히 열까지 센 다음 다시 돌아오는 동작은 거북목과 목 디스크 예방에 좋은 동작입니다. 지금 당장 두 번 하고, 시간 날 때마다, 생각날 때마다 틈틈이 하시기 바랍니다. 현대인들은 대부분 거북목이라고 합니다. (필자가 거북목과 목디스크였고 이 동작이 효과가 있음을 직접 체험했습니다.)

그리고 또 한 가지의 건강을 위한 팁을 드리자면 간단하게 만들어 먹는 '채소구이(볶음)'입니다. 채소를 많이 먹으면 살도 빠지고 피부도 윤택해지고 변비 해소에도 좋고, 무엇보다도 피곤함이 많이 사라지는 효과가 있습니다. 그러나 평소에 채소를 많이 챙겨먹는 것은 쉽지 않습니다. 그래서 간단하게, 맛있게 만들어 먹을 수 있는 '채소구이(볶음)' 요리법을 소개해 드립니다. 저는 이 '채소구이(볶음)' 요리를 최소한 하루에 한 끼는 챙겨먹고 있습니다. 생채소 샐러드와 이 '채소구이(볶음)'를 번갈아 해 먹으며 질리지 않게 꾸준히 먹도록 노력하고 있습니다.

첫째, 냉장고에 있는 각종 채소들을 먹기 좋은 크기로 잘게(얇게) 썰어 놓습니다. 저 같은 경우에는 한 번 채소들을 썰어 놓을 때 3~4일 분량을 썰어 큰 통에 담아 냉장고에 보관해서 매일 일정량을 꺼내 즉석요리를 했습니다.

주로 단호박, 가지, 파프리카, 양배추, 당근, 감자, 고구마, 양파, 브로콜리 등을 냉장고에 있는 것으로 번갈아 넣었고, 각종 버섯들, 때로는 고기를 잘게 썰어 함께 요리하기도 했습니다.

둘째, 썰어 놓은 채소들에 올리브유 약간, 소금, 후추 등을 섞어 오븐이나 에어프라이어에 넣고 10~15분(분량에 따라 조절) **정도 돌립니다.** 오븐이나 에어프라이어가 없다면 프라이팬으로 중불로 채소들이 숨이 죽을 때까지 볶습니다. 잎채소들은 요리 종료 1~2분 전이나 마지막 먹기 직전에 썰어 넣습니다.

이 채소볶음은 요리하기도 편하고 맛도 있고 건강에도 좋으니 꼭 해 먹기를 권합니다. 저는 이 채소볶음으로 대사증후군의 각종 수치들이 위험 전 단계에서 정상 범위로 들어왔기에 앞으로도 계속할 생각입니다.

◆ 운동하기 실습

▶ 꾸준히 하고 싶은 운동 종목은 무엇입니까?

▶ 일주일에 언제 하겠습니까?

▶ 함께 운동할 사람은 누구인가요?

▶ 어떤 운동의 효과를 기대하나요?

CAREER RESILIENCE

"규칙적인 운동이 삶을 변화시킨다."

-커리어회복탄력성 카드 中-

6-3 삶의 긍정성 영역 질문들

① 삶에서 감사할 것들은 무엇인가요?

감사하기는 삶의 긍정성을 높여 주는 데 가장 탁월한 방법이라고 알려져 있습니다. 감사하기가 좋다는 것은 많이 알려져 있는 사실이고 누구나 동의하는 바이지만 실제 생활에서 얼마나 감사하기를 실천하고 있는지를 물어본다면 여전히 잘 안 되고 있다고 답할 사람이 대부분일 것입니다.

감사하기가 진정으로 삶에서 뿌리내리고 감사하기의 힘을 느낄 수 있으려면 먼저 음미하기가 잘 되어야 합니다. 삶의 순간순간의 소소한 일상에서 충분히 음미하고 긍정적인 부분을 잘 찾아내는 자세가 갖추어져야 비로소 진정 나의 삶에서 감사한 마음이 절로 우러나오게 되는 것입니다. 이렇게 감사하기는 음미하기와 연결되어 있습니다.

삶에서 감사할 것을 찾아보는 초기에는 찾아야 한다는 의무감에 일단 찾긴 찾았는데 진정 감사의 마음이 흘러넘친다거나 하지는 않을 수 있습니다. 그러나 꾸준히, 적어도 열흘 이상 계속하다 보면 저도 모르게 진정으로 감사하다는 느낌이 점점 차오르는 것을 알 수 있을 것입니다. 그리고 삶에서 감사할 것을 찾기가 점점 더 수월하게 느껴집니다.

여러분에게 삶에서 감사할 것은 무엇인가요? 주변을 찬찬히 둘러보고 충분히 이 순간을 음미하면서 찾아보시기 바랍니다.

나의 답변

② 감사함을 느끼는 부분에 매일 집중할 수 있는 방법은 무엇일까요?

생활 속에서 실천하면 좋은 것을 많이 알기도 하고 때로는 시도해 보기도 하지만 그것을 꾸준히, 지속적으로 하는 것은 정말 힘든 것 같습니다.

삶에서 감사하기를 실천해야겠다고 결심하고 늘 감사의 자세를 갖추려고 노력하지만 어느 순간 흐지부지되고 다시 예전처럼 지내는 나 자신을 발견하곤 합니다. 따라서 어떻게 하면 감사함을 느끼는 부분에 매일 집중할 수 있을지 그 방법을 찾아 두는 것은 매우 매우 중요한 문제입니다.

감사하기는 몰아서 하기보다 매일 진행되어야 효과가 있고 적어도 100일은 넘게 해야 진정한 습관으로 자리 잡게 된다고 합니다. 매일 하는 것이 중요한데 이 부분이 가장 어렵기에 이것을 어떻게 쉽고 간단히 할 수 있을지가 관건입니다.

제가 여러분께 권하고 싶은 방법은 매일 꼭 하게 되는 어떤 일에 이 감사하기를 끼워 넣는 방법입니다. 예를 들어 우리는 매일 밥을 하루에 2~3번은 먹습니다. 아무리 불규칙적으로 산다 해도 하루를 꼬박 굶으며 지내는 사람은 별로 없습니다. 그러니까 밥을 먹을 때 오늘 하루 감사할 것들을 함께 떠올리며 감사에 집중하는 마음으로 밥을 먹는 것입니다. 그렇게 되면 적어도 하루에 2~3번은 감사함을 느끼는 부분에 집중할 수 있지 않을까요? 매일 잠들기 전에 감사 일기를 쓰는 것은 더 좋습니다. 100일 이상 지속할 수 있다면 말입니다. 하지만 필자가 저 자신을 비롯하여 주변의 많은 사람들을 관찰했을 때 감사 일기를 쓰기 시작했다는 사람은 많았지만 꾸준히 쓰는 사람은 그야말로 가뭄에 콩 나듯 드물었습니다. 그래서 밥 먹을 때와 같이 매일 어쩔 수 없이(?) 하게 되는 일상에 감사하기를 끼워 넣는 전략을 소개하는 것입니다. 여러분도 이 방법을 써 보는 것은 어떨까요?

나의 답변

③ 기분을 좋게 하는 생각과 행동을 했을 때 얻을 수 있는 혜택은 무엇일까요?

기분이 좋아졌을 때 사람은 마음에 여유가 생기면서 시야는 더 넓어지고 더 유연해지고 더 창의적이 되며 결과적으로 더 성과를 낼 수 있게 된다는 것이 긍정심리학에서 이야기하는 긍정의 힘입니다.

먼저 내가 무엇을 했을 때, 어떤 상황일 때 기분이 좋아지는지를 잘 찾아보도록 합시다. 누구는 맛있는 음식을 먹을 때가, 누구는 재미난 영상을 볼 때가, 누구는 따뜻한 욕조에 몸을 담갔을 때가, 누구는 침대에서 빈둥거릴 때가 또 누구는 사람들과 마구 웃고 떠들 때가, 또 누구는 자연 속에서 등등 자신이 어떤 상황, 어떤 행동을 했을 때 가장 기분이 좋아지고 충전이 되는지는 사람마다 다릅니다. 그 포인트를 잘 찾아 되도록 자주 실현하며 긍정의 자원을 비축해 가기를 바랍니다. 그렇게 비축된 긍정의 자원은 불시에 찾아오는 역경과 위기의 순간에 나를 지탱해 주고 나아가게 하는 버팀목이 되어 줄 것입니다.

단 기분을 좋게 하는 생각과 행동을 찾을 때 일생에 한 번 될까 말까 한 순간을 떠올리면 안 됩니다. 로또에 당첨된다든가, 우주체험을 하겠다든가 하는 누구나 한 번씩 꿈을 꿔 보지만 현실에서 이루어지기 어려운 것을 떠올리기보다는 내가 마음먹으면 적어도 2주 안에 실천 가능한 것을 기준으로, 자주 실행할 수 있는 것으로 찾기 바랍니다. 그리고 최대한 자주 자주 실현해서 소소한 기쁨과 즐거움을 충분히 맛보길 바랍니다.

◆ 기분 좋은 순간 찾기

언제	
누구와	
어디에서	
무엇을	
얼마나 자주	

④ 감사를 더 많이 표현하나요? 아니면 비평을 더 자주 하나요?

내가 평소에 감사를 주로 표현하는 사람인지 비평을 자주 하는 사람인지를 정확하게 알려면 같이 사는 가족이나 긴 시간을 함께 지내는 회사 동료들에게 솔직한 답변을 요청하는 것이 가장 좋습니다.

지금 당장 한번 물어봐 주기 바랍니다. 네~ 가능합니다. 여러분은 스마트폰이 있으니까요. 문자나 SNS를 활용하면 지금 당장 옆에 없어도 조만간 답변을 얻을 겁니다. 자 답변이 왔나요? 여러분은 어떤 대답을 듣는 사람인가요? 내가 생각했던 것과 다른 대답이어서 놀랐거나 당황했던 분들은(비평을 더 많이 표현한다고는 안 하는데 그렇다고 감사를 더 자주 한다고도 하지 않는 애매모호한 답변을 얻은 사람을 포함하여) 자기 자신에 대해서 좀 더 심사숙고해 봐야 할 겁니다.

만나는 모든 상황과 사람에 대해서 끊임없이 평가하는 시선을 지닌 사람, 더 나아가 그 평가를 눈치 없이 바로바로 표현하는 사람을 편안하게 여기고 좋아할 사람은 세상에 없습니다. 문제는 그런 사람은 자기 자신에 대해서도 평가적인 시선으로 가차 없이 바라보기 때문에 스스로도 마음이 늘 불편합니다. 그런 사람은(자기 자신을 포함하여) 세상은 불완전하고 미숙하고 좀 모자란 것이 맞다는 것을 인정해야 합니다. 내 안의 완벽주의를 내려놔야 한다는 것입니다. 물론 쉽지 않습니다. 하지만 완벽주의의 온갖 폐단을 내가 바로 온몸으로 겪고 있지 않습니까? 잘 찾아보면 굉장히 많은 사례가 생각날 겁니다. 완벽주의를 내려놔야 내 마음이 먼저 편안해지고 내 마음이 편안해지는 만큼 이 세상에 비평할 것보다 감사할 것들이 더 많이 보이게 될 것입니다.

내가 들은 답변

⑤ 역경과 위기는 당신에게 어떤 영향을 주나요?

이제까지 살아오면서 나 자신이 겪었던 굵직굵직한 사건들을 한번 돌아보기 바랍니다. 지나고 보니 누구나 겪는 인생 여정일 뿐이었는데 그 당시 나에게는 너무나 힘든 역경과 위기였던 순간이 있지 않습니까? 지금 생각해 보면 나만 겪는 것도 아니고 잘만 극복하면 전화위복이 될 수도 있었는데 왜 나에게 이런 시련이 닥치는지 원망하고 비탄하느라 시간과 에너지를 낭비했던 경험이 누구에게나 있을 것입니다.

내 인생의 역경과 위기의 순간에 나는 주로 어떻게 했었는지, 그 역경과 위기가 나에게 어떤 영향을 미쳤는지 잘 살펴보시기 바랍니다. 걸려 넘어지면 걸림돌이고 딛고 일어서면 디딤돌이란 말에 비추어 역경과 위기를 걸림돌로만 여겨 왔는지, 나의 성장과 발전의 디딤돌로 여겨 왔는지 살펴봅시다. 고생은 고생대로 했는데 나에게 남는 성과마저 없는 것이 가장 억울한 일입니다. 역경과 위기를 성장과 발전의 디딤돌로 삼아야 할 확실한 이유가 바로 그런 억울한 일을 당하지 않기 위해서입니다.

나의 답변

⑥ 역경과 위기에 처한 사람들에게 조언을 한다면 어떤 말을 해 줄 수 있을까요?

코칭에서 피코치가 조언을 얻고 싶다고 하면 코치는 바로 조언을 주지는 않습니다. 코칭은 피코치가 스스로 답을 구할 수 있다는 믿음에서 출발하기 때문입니다. 대신에 이렇게 질문합니다. '지금 당신이 당신의 처지를 잘 아는 진실한 친구라면 당신에게 어떤 조언을 할까요? 그 친구가 되어 당신에게 조언을 해 보시기 바랍니다'라고 말입니다.

이처럼 여러분이 역경과 위기에 처한 사람들에게 하고 싶은 조언은 대부분 나 스스로에게 필요한 조언이고 듣고 싶은 말일 가능성이 높습니다.

지금 역경과 위기에 처해 있다고 판단되는 사람들에게 특히 이렇게 질문하는 것을 권하고 싶습니다. '지금의 역경과 위기를 훌륭하게 극복하고 더 발전한 미래의 당신이 지금 당신에게 하고 싶은 이야기는 무엇일까요? 당신은 어떻게 지금의 역경과 위기를 극복했다고 합니까? 지금의 역경과 위기에서 무엇을 배웠다고 하나요?'

이 질문을 놓고 미래의 내가 되어 지금의 나에게 하고 싶은 이야기와 내가 배운 점들을 한번 적어 보는 시간을 갖기 바랍니다.

생각지도 않는 훌륭한 조언과 문제 해결의 열쇠가 얻어질지도 모릅니다.

또는 묵묵히 견디는 수밖에 없어서 획기적인 해결 방법은 없다 할지라도 그 조언들은 나 스스로에게 큰 위로와 격려가 될 것입니다.

나의 답변

에필로그

자 여기까지 우리는 커리어회복탄력성 셀프 트레이닝을 진행해 왔습니다. 다시 한번 강조하지만 커리어회복탄력성은 우산 개념입니다. 역경과 위기라는 비가 들이칠 때 내가 쓴 커리어회복탄력성이라는 우산에 어느 영역이라도 구멍이 있다면 그 부분으로 여지없이 역경과 위기의 빗방울이 쏟아지게 됩니다. 약한 영역을 훈련하는 것이 더 힘들고 버겁게 느껴지더라도 특히 그 부분을 잘 보완하도록 노력해야 합니다. 즉 전체 영역이 다 기본 이상으로 튼튼해지는 것, 각 영역이 모두 전체적인 균형을 잡는 것이 커리어회복탄력성 훈련에서는 매우 중요합니다.

커리어회복탄력성이 강한 사람들의 특징을 설명하는 것으로 이 책을 마칠까 합니다.

첫째, 커리어회복탄력성이 높은 사람들은 낙관적 현실주의자들입니다.

예를 들어 실직을 했다고 해서, 원치 않는 이직을 준비해야 한다고 해서 낙담하거나 자포자기하지 않고, 할 수 있는 모든 것을 시도해 보는 낙관적인 태도를 지녔습니다. '**기존에 내가 받았던 급여가 있는데 그 위치와 수입을 포기 못 하지. 내가 누군데…**'라는 생각으로 무턱대고 좋은 일자리가 생길 것이라고 낙관만 하고 있지도 않습니다. 그들은 현실적으로 재빨리 눈높이 조절을 할 줄 아는 낙관적 현실주의자들이었습니다.

둘째, 커리어회복탄력성이 높은 사람들은 유연성과 적응력이 있습니다.

그들은 새로운 영역, 새로운 분야, 새로운 시스템 등에 잘 적응하는 유연성과 적응력이 뛰어난 사람들이었습니다. 기존에 해 왔던, 익숙한 것들을 붙들고 과거의 영광만 되새기며 안주하기보다 새롭게 대두되는 것들을 잘 받아들이고 소화해 내려고 노력하는 사람들이었습니다. 그들은 뜻밖에 찾아오는 기회를 잘 잡아내기도 합니다. 그것은 그들이 평소에 기회를 잡을 준비가 잘 되어 있었기 때문입니다.

셋째, 커리어회복탄력성이 높은 사람들은 <u>자신의 일에 몰입하는 능력</u>이 있습니다.

그들은 어떤 일을 하든지 간에 자신이 맡은 일에 집중하고 몰입하는 열정이 가득한 사람들입니다. 그들의 몰입하는 능력은 그들이 하는 일이 어떤 것이든지, 어떤 상황이든지 항상 일관되게 발휘되는 능력이고 그렇기 때문에 그들이 일하는 곳에서는 항상 성실하고 자기 몫 이상을 해낸다는 평을 받습니다.

넷째, 커리어회복탄력성이 높은 사람들은 <u>유쾌</u>합니다.

그들은 유쾌하고 유머감각이 뛰어난 사람들이 많았습니다. 어떤 상황에서도 너무 비관적이고 기운 빠지는 태도로 사람들을 힘들게 하지 않고 늘 밝고 명랑한 자세를 유지하는 사람들입니다. 그들을 만나게 되면 항상 그 유쾌함이 전해지므로 함께 지내는 것이 즐겁고 또 만나고 싶은 사람들입니다.

위에서 정리한 네 가지의 특징 외에도 제가 만난 많은 사람들 중에 커리어회복탄력성이 강한 사람들은 남다른 자신감과 긍정적인 태도가 두드러져 보였습니다. 대부분 건강관리를 잘 하고 있어서 자기 나이대에 비해 젊어 보이는 경우가 대부분이었고, 체력 하나만큼은 자신 있어 하는 사람들이 많았습니다.

코로나19로 전 세계가 심각한 역경과 위기에 처해 있습니다. **'앞으로의 세계는 코로나19 이전과 이후로 나뉘게 될 것이고 코로나19 이전의 세계는 절대 오지 않을 것이다'**란 말이 나오고 있습니다. 세상이 앞으로 어떻게 변화하게 될지 그 여파가 나의 커리어에는 어떤 영향을 미치게 될 것인지 참 막막한 심정입니다.

이럴 때일수록 커리어회복탄력성이 필요하다는 생각이 듭니다. 앞으로도 생각지 못한 다양한 역경과 위기가 닥쳐올 것이고, 지금은 그 역경과 위기를 긍정적인 태도로 딛고 일어나 더 발전해 가는 능력이 더욱 절실한 시기이기 때문입니다. 커리어회복탄력성이야말로 위기를 기회로 만드는 연금술이라 할 수 있습니다.

이 책을 다 읽은 독자라면(비록 직접 실습은 나중으로 미뤄둔 사람이라도) 이 책을 통해 커리어회복탄력성을 충분히 이해하고 어떻게 개발해 나갈 것인지를 알게 되었을 것입니다. 하지만 아는 것만으로는 충분하지 않다는 것을 정말 강조하고 싶습니다. 우리가 앎이 부족하여 원하는 삶을 살지 못하는 것이 아니지 않나요? <u>그 앎이 머리로 아는 지식 차원에서 내 삶을 직접 변화시키는 것, 즉 앎이 내 삶에서</u>

실제로 실현되는 것이 중요합니다. 제가 여러분에게 바라는 것은 이 책을 통해 얻게 된 것들을 실제로 여러분의 생활에 적용하고 훈련함으로써 여러분의 커리어회복탄력성이 개발되고 더 나아가 여러분의 삶이 변화되는 것입니다.

이 책에 나와 있는 여러 가지 훈련들을 그냥 한번 읽고 마는 것이 아니라 실제로 실행함으로써 여러분의 커리어회복탄력성을 강화하고 더 나아가 행복한 삶을 살아가기를 바랍니다.

이 책은 커리어회복탄력성 셀프 트레이닝 북이지만 혼자서만 훈련하기보다는 주변 사람들과 함께 훈련하고 서로 피드백을 주고받으며 훈련하는 것이 더 효과적입니다. 제가 좋아하는 인디언 속담에 '빨리 가려면 혼자 가고 멀리 가려면 같이 가라'라는 말이 있습니다. 커리어회복탄력성 훈련은 단기 속성 코스가 아닙니다. 마라톤처럼 긴 인생이라는 여정에서 틈나는 대로 점검하고 연습해야 하는 장기 코스입니다. 그래서 혼자 하기보다는 함께 하는 것이 더 좋습니다. 부부가 함께, 내가 속한 모임에서 함께, 친구와 함께, 회사에서 함께 커리어회복탄력성 훈련을 '함께' 진행하기를 바랍니다.

이 책을 통해 쌓인 커리어회복탄력성이 여러분의 지속 가능한 커리어 성장에 튼튼한 지렛대의 역할을 할 수 있기를 간절히 바라는 마음으로 이 책을 준비했습니다.

이 세상은 끝없는 배움터라는 신념으로 살아가고 있습니다. 내 앞에 펼쳐진 모든 것에서 배울 바를 잘 배우고 끊임없이 성장하기를 바랍니다. 또한 가는 세월을 붙잡지는 못하지만 세월이 흐르면 흐를수록 내가 성장하는 것을 확인하는 맛이 더욱 깊어지고 풍성해지기를 바랍니다. 여러분도 그러하기를!

"현재는 또 다른 가능성을 품고 있다."

–에리히 프롬–

| 참고문헌 |

🔗 논문

- 박정아, 정철영, 〈대기업 사무직 근로자의 경력탄력성과 직무 스트레스원, 자아 존중감, 자기 효능감 및 조직 내 사회적 지지의 관계〉, 진로교육연구, 25권, 2호 한국진로교육학회, 2012, 59-80쪽.
- 김기승, 〈대학생의 명리직업선천성과 진로탄력성, 진로결정수준의 구조적 관계〉, 선도문화, 20권, 국제뇌교육종합대학원대학교 국학연구원, 2016, 567-620쪽.
- 유현실, 〈진로탄력성 개념에 대한 이론적 검토와 성인 진로상담에 대한 시사점〉, 상담학연구, 14권, 1호, 한국상담학회, 2013, 423-439쪽.
- 김미경, 〈전문대학생 진로탄력성 척도 개발〉, 경북대학교 대학원, 대구, 2014.
- Mark S. Granovetter, 〈The Strength of Weak Ties〉, The American Journal of Sociology, Vol. 78, No. 6., 1973, pp.1360-1380.

🔗 도서

- 김주환, 『회복탄력성』, 위즈덤하우스, 2011.
- 조앤 보리센코 저, 안진희 역, 『회복탄력성이 높은 사람들의 비밀』, 이마고, 2011.
- 리처드 볼스 저, 조병주 역, 『파라슈트』, 한국경제신문사, 2013.
- 로드트립네이션 저, 이은숙 역, 『로드맵』, 이유출판, 2016.
- 나가야 겐이치 저, 장은주 역, 『잘했어요 노트』, 위즈덤하우스, 2017.
- 마이크 맥매너스 저, 인트랜스 번역원 역, 『가슴 두근거리는 삶을 살아라』, 시대의창, 2011.
- 로버트 마우어 저, 장원철 역, 『아주 작은 반복의 힘』, 스몰빅라이프, 2016.
- 스티븐 기즈 저, 구세희 역, 『습관의 재발견』, 비즈니스북스, 2014.
- 가오위안 저, 김정자 역, 『하버드 행동력 수업』, 가나출판사, 2018.
- 박윤희, 『커리어코칭의 이론과 실제』, 시그마프레스, 2015.
- 마크 그리노베터 저, 유홍준·정태인 역, 『일자리 구하기』, 아카넷, 2012.

🔗 기사 및 콘텐츠

- 칼 베네딕트 프레이·마이클 오스본, 〈고용의 미래 : 우리의 직업은 컴퓨터화에 얼마나 민감한가〉, 2013.
- "직장인 일과 연봉보다 '이것' 때문에 스트레스 받는다!", 〈잡코리아〉 취업뉴스, 2016.04.06, https://www.jobkorea.co.kr/
- "직장인 이직 성공 요인 2위 '인맥' 1위는?", 〈잡코리아〉 취업뉴스, 2017.02.07, https://www.jobkorea.co.kr/
- SBS 스페셜, 〈작은 습관의 기적〉, 2019.06.02 방영.
- 넷플릭스, 〈100인 인간을 말하다(100 Humans)〉, 2020.